目次

❶	情報と情報社会の特徴	📖 教科書　p.4〜5
❷	情報化の進展と情報技術	📖 教科書　p.6〜7
❸	情報社会における個人の責任	📖 教科書　p.8〜9

 SUMMARY

❶ これからの社会／情報の特徴　📖 p.4〜5

　これからの社会は，（①　　　　　）ですべての人と「（②　　　　　）」がつながり，さまざまな（③　　　　　）から（④　　　　　）によって，必要な情報が整理・分析され，その結果を示すようになっていくことが予想される。そのような社会において，私たちは，（④）によって提示された情報や（⑤　　　　　）を活用し，問題の（⑥　　　　　）ができるかどうかを判断していく必要がある。

　情報は（②）とは異なり，次の表のように，情報の特徴をまとめることができる。

一度生じると消えない	容易に複製できる	すぐに広がる
（⑦　　　）性	（⑧　　　）性	（⑨　　　）性

❷ 情報化の光／情報化の影　📖 p.6〜7

　（①　　　　　）の進展により，スマートフォンや SNS などを利用して，いつでもどこでも情報のやり取りができるようになった。人工衛星から発信される電波を利用して，情報機器の位置を正確に測定するシステムである（②　　　　　），スマートフォンなどの情報機器の現在位置の情報を提供するシステムである（③　　　　　）は，生活のさまざまな分野で利用されている。このように，（①）の進展により私たちの生活は，（④　　　　　）で豊かになった（（①）の光）。

　一方，その利用を誤ると，プライバシーの侵害や（⑤　　　　　）の漏洩，画像の公開などによる（⑥　　　　　）や肖像権の侵害，有料サイトなどの利用料金を請求されるワンクリック詐欺や（⑦　　　　　）など，トラブルに巻き込まれ，被害に遭うこともある。また，情報社会では，インターネットやゲームに（⑧　　　　　）する人たちの増加，サイバー犯罪の増加など，さまざまな問題が起こっている（（①）の影）。

❸ 情報社会における匿名／発信者・受信者としての責任　📖 p.8〜9

　インターネットでは，（①　　　　　）によって気軽に（②　　　　　）できるなどのメリットがある一方で，誰が（②）しているかわからないので，新しい問題が発生しやすい。このような（①）のデメリットによる（③　　　　　）を避け，悪質な行為をなくしていく必要がある。

　情報は，その内容だけでなく，情報発信の時期や伝達手段によって受け手の印象が異なることがあるので，情報の（④　　　　　）は，それらに対して注意する必要がある。

　一方，情報の（⑤　　　　　）は，情報を（⑥　　　　　）し，受信した情報をそのまま信用せず，ほかの情報と比較するなど，情報の（⑦　　　　　）や（⑧　　　　　）を確認することなどが必要である。

1 次のア〜カの文章は，情報の「残存性」「複製性」「伝播性」のいずれかに関係している。それぞれに関係があるものをすべて選び，記号で答えなさい。思 判 表

ア 電子メールは，外国に短時間で届く。

イ うわさ話や間違った情報が，いつまでも消えずに残っている。

ウ 購入したパソコンのソフトウェアのバックアップをとった。

エ 個人の情報を動画サイトで世界中に発信できるようになった。

オ 古い Web ページが，検索エンジンで検索すると表示される。

カ クラスの友人と記念撮影した写真をコピーして配布した。

2 次の(1)〜(6)の文章に，最も関連の深い用語を下のア〜クからそれぞれ選び，記号で答えなさい。思 判 表

(1) SNS などに相手への誹謗中傷などを書き込んだり，別人になりすまして嫌がらせのメールを送り付けたりする。

(2) いつもインターネットを利用していないと落ち着かない状態になる。

(3) Web サイトやメールのボタン，リンクなどをクリックしただけで勝手に登録が行われ，料金を請求される。

(4) 使った覚えのない有料サイトの利用料金などの支払いを請求される。

(5) 違法にアップロードされた音楽や映像などのコンテンツを，違法と知りながらダウンロードする。

(6) スマートフォンなどの現在位置の情報を提供するシステムをいう。

ア 違法サイトからのダウンロード　　イ ワンクリック詐欺

ウ 位置情報システム　　エ ネット依存　　オ 架空請求

カ GPS　　キ ネットいじめ　　ク ゲーム依存

3 位置情報システムのメリットとデメリットについて，それぞれ書きなさい。思 判 表

4 匿名のメリットとデメリットについて，それぞれ三つずつ書きなさい。思 判 表

1

残存性

複製性

伝播性

2

(1)		(2)	
(3)		(4)	
(5)		(6)	

3

〈メリット〉

・

〈デメリット〉

・

4

〈メリット〉

・

・

・

〈デメリット〉

・

・

・

1 問題解決

1 問題解決の手順　　　　　　　　　　📖 教科書　p.12〜13
2 情報の収集と整理(1)　　　　　　　📖 教科書　p.14〜15

✱ SUMMARY

❶ 問題解決の手法／問題の明確化　　　　　　　　　　📖 p.12〜13

（①　　　　　　　　　）とは，理想を実現するために，現実にある問題との差を発見し，その差を解消するための課題を解決していくことである。

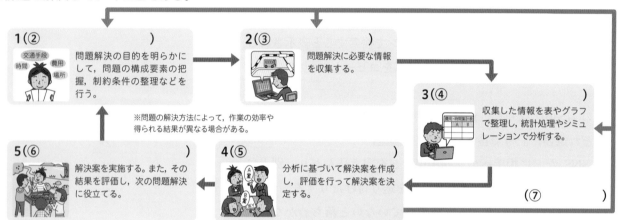

1（②　　　　　　　　）問題解決の目的を明らかにして，問題の構成要素の把握，制約条件の整理などを行う。

2（③　　　　　　　　）問題解決に必要な情報を収集する。

3（④　　　　　　　　）収集した情報を表やグラフで整理し，統計処理やシミュレーションで分析する。

※問題の解決方法によって，作業の効率や得られる結果が異なる場合がある。

5（⑥　　　　　　　　）解決案を実施する。また，その結果を評価し，次の問題解決に役立てる。

4（⑤　　　　　　　　）分析に基づいて解決案を作成し，評価を行って解決案を決定する。

（⑦　　　　　　　　）

　問題解決は，（⑧　　　　　　　　　）から始まる。（⑧）とは，その物事が今どのような状態にあるのかという（⑨　　　　　　）を正確に把握し，何が望ましいのかという（⑩　　　　　　　）をもつことで，そこに差があることに気付き，問題と認識することである。問題を発見することができたら，何がどのように問題なのか（⑪　　　　　　　　　）を検討し，緊急性や重要性，かかる時間や費用などの（⑫　　　　　　　）を見極めたうえで，数値で示すことなど評価できる具体的な目標を設定する。

❷ 情報の収集　　　　　　　　　　📖 p.14〜15

　よりよい問題解決を行うには，その問題に関わる情報を詳しく知るために情報を（①　　　　　　）することが大切である。

収集方法	（②　　　　　　　　）	（③　　　　　　　　）	（④　　　　　　　　）
説明	複数の人が自由にアイデアを出し合い，連想しながら新しいアイデアを生み出そうとする方法。	Webページ上の膨大な情報の中から，必要な情報を瞬時に検索できるサービス。	街頭でのアンケート調査や聞き取り調査，実物観察などによって，情報を現場で直接収集すること。

1 次のア〜オを高校に合格するまでの問題解決の手順になるように順に並べなさい。思判表

ア 各高校の特徴が整理された受験情報サイトを閲覧し，学科やコースの内容が載っている学校案内をもらった。

イ 自分が希望する学科やコースがある高校の中から進学したいところを探し出した。

ウ 自分の興味のある学科やコースをいくつかあげ，入学試験に課される教科などを調べて表にまとめた。

エ 自分の興味や適性を考え，何をやりたいのかを決めた。

オ 十分に準備をし，受験した。

1

　　　　　　　　　→　　　　　　→

→　　　　　　　→

2 次の(1)〜(4)の説明をフィールドワークの特徴(①)，検索エンジンの特徴(②)に分類し，①，②の記号で答えなさい。知技

(1) 直接聞いて収集したので，信頼性が高い。

(2) 短時間で情報収集ができる。

(3) 情報収集に労力がかからない。

(4) 収集する場所や時間を考えないと，収集内容が偏る。

2

(1)

(2)

(3)

(4)

3 次の(1)〜(3)について調べたいときは，どのように検索すればよいか。空欄①〜⑤に AND, OR, NOT のいずれかを入れなさい。思判表

(1) 神戸にある博物館

博物館（ ① ）神戸

※検索キーワードをカッコでくくっているものは，カッコ内を優先することを示す。

(2) 神戸か京都にある博物館

博物館（ ② ）（神戸（ ③ ）京都）

(3) 神戸にある，自然系ではない博物館

博物館（ ④ ）神戸（ ⑤ ）自然系

3

(1)①

(2)②　　　　　　　　③

(3)④　　　　　　　　⑤

4 次の(1)〜(6)の情報を，一次情報（A）と二次情報（B）に分類し，AまたはBを記しなさい。知技

(1) アンケート調査　　　　(2) インタビューで聞いた話

(3) 検索エンジンの検索結果　　(4) 雑誌の記事

(5) 日記　　(6) ブレーンストーミングで発言したアイデア

4

(1)　　　　　　　　(2)

(3)　　　　　　　　(4)

(5)　　　　　　　　(6)

5 ブレーンストーミングのルールを三つ書きなさい。知技

5

・

・

・

1 問題解決

2 情報の収集と整理(2) 　　　　　　　　　　　📖 教科書　p.14〜15
3 情報の分析 　　　　　　　　　　　　　　　　📖 教科書　p.16〜17

✳ SUMMARY

1 情報の整理 　　　　　　　　　　　　　　　　📖 p.14〜15

情報の収集後は，問題の原因となっている事柄を，収集した情報の中から洗い出して探し出すといった，情報の（①　　　　　　　）を行う。情報を整理する方法としては，整理したい事柄を見出しとして設定し，それに合わせて必要な情報を並べていく（②　　　　　　）を作成するのが一般的である。そのほかにも次の方法などがある。

収集方法	（③　　　　　　　）	（④　　　　　　　）
説　明	カードに記入された情報を類似したグループでくくり，要約した表題を付けた後，互いの関係を図式化することでまとめていく方法。	問題に含まれるさまざまな項目や概念（コンセプト）とそれらの関係性を線などで図示することにより，問題の構造（全体像）を視覚化した図。

2 分析の方法／グラフによる分析 　　　　　　　📖 p.16〜17

情報の収集と整理で明らかになったいくつかの事柄から，関係する要素を見つけ出して解明していくことを（①　　　　　　）という。（②　　　　　　　　　　　　）を活用すると，数値化されたデータを用いて統計処理やシミュレーションなどが簡単にできる。

（③　　　　　　　）は，データの比較，分布，推移，内訳などを見るために，情報を視覚化してわかりやすくしたものである。

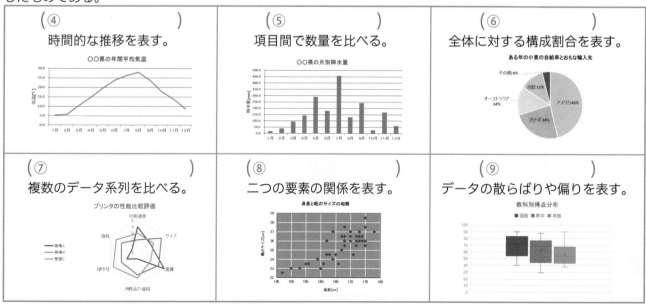

1 情報の整理方法として用いられている KJ 法の手順について，次のア〜カを適切な順番に並べなさい。 知 技

　ア　アイデアをカードに書く

　イ　グループ間の関係を書く

　ウ　グループに表題を付ける

　エ　図式化したものを文章に整理する

　オ　近い意味のカードをグループ化する

　カ　類似しているグループどうしをまとめる

　　　　　　　　→　　　　　　→
→　　　　　　　　→　　　　　　→

2 下表はグラフの種類についてまとめたものである。①〜⑫にあてはまる特徴と用途をそれぞれ選び，記号で答えなさい。 思 判 表

種類	折れ線グラフ	棒グラフ	円グラフ	レーダーチャート	散布図(相関図)	箱ひげ図
特徴	①	②	③	④	⑤	⑥
用途	⑦	⑧	⑨	⑩	⑪	⑫

【グラフの特徴】

　ア　項目間で数量を比較する際に用いる。

　イ　データ全体の散らばりや偏りを表す。

　ウ　数量の時間的な推移を表す際に用いる。

　エ　全体に占める各項目の割合を表す際に用いる。

　オ　多角形の面積で総合的な評価を表し，そのゆがみで各項目の偏りを表す。

　カ　二つの項目に相関があるか否かを表すことができる。

【グラフの用途】

　キ　月別降水量　　　　　　　ク　都道府県別の平均寿命

　ケ　東京の月別平均気温の推移　コ　身長と靴のサイズの相関

　サ　プリンタの性能比較　　　シ　日本の地域別面積比

①
②
③
④
⑤
⑥
⑦
⑧
⑨
⑩
⑪
⑫

3 次の(1)〜(4)のうち，グラフを適切に用いているものには○，適切ではないものには×を記しなさい。 思 判 表

　(1) 定期考査の得点を前回と比較するため，円グラフで表した。

　(2) 北海道と沖縄の平均気温の変化を見るため，散布図で表した。

　(3) 東京とパリの月別降水量を比較するため，棒グラフで表した。

　(4) 栄養素のバランスを見るため，レーダーチャートで表した。

(1)
(2)
(3)
(4)

2 情報社会における法規と制度

1 情報の管理と保護

教科書　p.18〜19

 SUMMARY

1 個人情報

p.18〜19

（①　　　　　　）する個人に関する情報であって，氏名や生年月日などにより，特定の個人を識別できるものを（②　　　　　　）という。特に，氏名，住所，生年月日，性別の（③　　　　　　）は，行政などで個人を特定する場合に使われている。

情報社会の発達により，個人情報が容易に収集，分析，利用できるようになった。しかし，個人情報が適切に管理されないと，個人情報が不正に利用されるおそれがある。そこで，個人情報の保護に向けた積極的な取り組みを促進するため，（④　　　　　　　　　　）が制定された。

なお，法律は改正され，収集した個人情報を特定の個人が識別できないように加工したデータである（⑤　　　　　　）については，一定のルールのもとで活用できるようになった。

2 プライバシー

p.18〜19

むやみに他人に知られたくない私生活上の個人的な情報を（①　　　　　　　　　）という。企業などでは，（②　　　　　　　　　　）を通じて，個人情報をどのように管理するのか定めている場合が多い。

手紙の内容は他人には知られたくない内容なので，（①）に該当する。

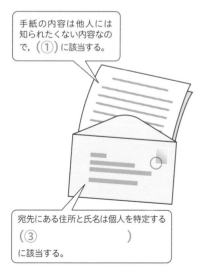

宛先にある住所と氏名は個人を特定する（③　　　　　　）に該当する。

	（④　　　　　　）	（⑤　　　　　　）
権利の名称		
権利の目的	個人のプライバシーを保護する。	著名人がその活動により得るべき経済的利益を保護する。
権利の内容	顔や身体などを無許可で撮影・公開されない。	名前や写真などにある商業的価値を本人が独占できる。

1 次の情報の中で，基本四情報に該当するものをあげなさい。知 技

> 資格, 学業の成績, 氏名, 趣味, 学歴, 住所, 職業,
> 家族構成, 生年月日, 性別, 試験の得点, 収入

2 次の(1)〜(4)の行為は，個人情報の保護などの観点から好ましくない事例である。予想されるトラブルの例を下のア〜エから選びなさい。思 判 表

(1) 知らない人から依頼され，自分の顔写真を撮影して送った。

(2) 懸賞付きのアンケートに，自分の住所や名前を書いた。

(3) ブログに自分の携帯電話のメールアドレスを掲載した。

(4) 自分のスマートフォンを外出先で紛失した。

ア 不明なところから郵便でダイレクトメールが届くようになった。

イ 携帯電話に迷惑メールが大量に送られてくるようになった。

ウ 他人のSNSのプロフィールに自分の顔写真が使われていた。

エ 友人の電話番号にいたずら電話などがかかるようになった。

3 次の(1)〜(6)の説明に関係する用語を答えなさい。知 技

(1) 自分の顔写真が勝手に撮影されないよう主張できる権利のこと

(2) 他人に教えたくない自分の個人的な情報のこと

(3) 行政機関が個人を特定する際に使用する個人情報のこと

(4) 有名人が自分の名前や写真などを商品化して利益を独占できる権利のこと

(5) 企業が顧客の個人情報を収集したり管理したりする際の取り決めのこと

(6) 自社のデータをほかの会社に提供するために，個人が特定できないように加工した情報のこと

4 次のア〜エの文章のうち，肖像権またはパブリシティ権を侵害していると思われる行為をすべて選び，記号で答えなさい。

思 判 表

ア 自分で撮影した個人写真を自分のSNSに掲載した。

イ クラス全員で撮影した集合写真を卒業アルバムに掲載した。

ウ 以前撮影した友人の写真を部活動の勧誘チラシに掲載した。

エ 好きなアイドルのスタンプ画像を個人的に作成し販売した。

1

2
(1)
(2)
(3)
(4)

3
(1)
(2)
(3)
(4)
(5)
(6)

4

肖像権の侵害：

パブリシティ権の侵害：

1章

情報社会と問題解決

2 情報社会における法規と制度

2 知的財産権と産業財産権

📖 教科書　p.20〜21

✳ SUMMARY

① 知的財産権

📖 p.20〜21

（①　　　　　　　　）権は，知的な創作活動からものを作り出した人に与えられる権利である。（①）権は，（②　　　　　　　　）の発展を目的としており，創作者に対し一定期間の権利を保護した後は，その（①）は（②）全体の共有財産として自由に利用できることになっている。

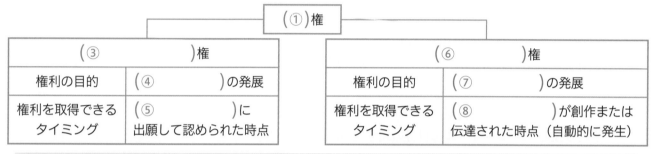

	（①）権		
（③　　　　　　　）権		（⑥　　　　　　　）権	
権利の目的	（④　　　　　）の発展	権利の目的	（⑦　　　　　）の発展
権利を取得できるタイミング	（⑤　　　　　）に出願して認められた時点	権利を取得できるタイミング	（⑧　　　　　）が創作または伝達された時点（自動的に発生）

（⑨　　　　　　　　）　（⑩　　　　　　　　）　（⑪　　　　　　　　）　（⑫　　　　　　　　）

（⑬　　　　　　　　）　（⑭　　　　　　　　）　（⑮　　　　　　　　）

② 産業財産権

📖 p.20〜21

（①　　　　　　　　）権は，産業に関する新しい技術やデザイン，商標について開発した人に一定期間与えられる独占的な権利である。

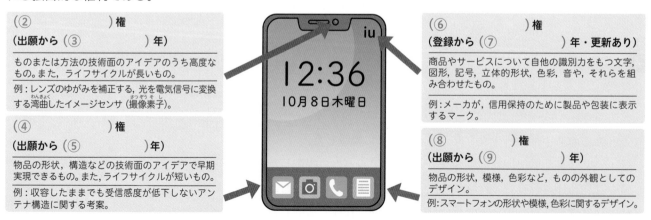

（②　　　　　　　）権
（出願から（③　　　　　）年）
ものまたは方法の技術面のアイデアのうち高度なもの。また，ライフサイクルが長いもの。
例：レンズのゆがみを補正する，光を電気信号に変換する湾曲したイメージセンサ（撮像素子）。

（④　　　　　　　）権
（出願から（⑤　　　　　）年）
物品の形状，構造などの技術面のアイデアで早期実現できるもの。また，ライフサイクルが短いもの。
例：収容したままでも受信感度が低下しないアンテナ構造に関する考案。

（⑥　　　　　　　）権
（登録から（⑦　　　　　）年・更新あり）
商品やサービスについて自他の識別力をもつ文字，図形，記号，立体的形状，色彩，音や，それらを組み合わせたもの。
例：メーカが，信用保持のために製品や包装に表示するマーク。

（⑧　　　　　　　）権
（出願から（⑨　　　　　）年）
物品の形状，模様，色彩など，ものの外観としてのデザイン。
例：スマートフォンの形状や模様，色彩に関するデザイン。

PRACTICE

1 次の(1)〜(4)の文章は知的財産権について説明したものである。正しいものには○，間違っているものには×を付けなさい。思判表

(1) 産業財産権も著作権も申請しないと権利を得ることができない

(2) 産業財産権も著作権も一定期間が過ぎれば権利は消滅する

(3) 未成年者の作品に対して著作権は発生しない

(4) 人の考え出した知的な生産物が経済的な利益を生む場合の支配権の一つを産業財産権という

2 知的財産権をまとめた次の図について，下の問いに答えなさい。知技

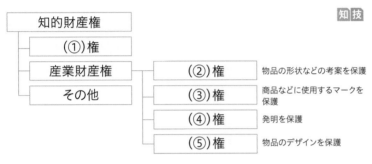

(1) 表中の①〜⑤にあてはまる語句を記入しなさい。

(2) 表中の「その他」の権利を下のア〜エからすべて選び，記号で答えなさい。

　ア　パブリシティ権　　イ　植物の新品種に関する権利

　ウ　半導体集積回路配置に関する権利　　エ　肖像権

(3) 表中の②〜⑤の産業財産権が保護される期間を下のア〜エから選び，記号で答えなさい。

　ア　出願から20年　　イ　出願から25年

　ウ　出願から10年　　エ　登録から10年

(4) 表中の②〜⑤の産業財産権の中で，権利の保護期間が更新できるものを一つ選び，記号で答えなさい。

3 次の(1)〜(4)の行為は産業財産権のどの権利を侵害する可能性があるか，該当する権利の名称を答えなさい。思判表

(1) 有名な商品のネーミングを無断で自社の製品に使用した。

(2) 発明した会社に無断で何度でも書き直せる筆記具を製造・販売した。

(3) 考案した会社に無断で朱肉のいらない印鑑を製造・販売した。

(4) ある会社が開発した立体構造のマスクについて，別の会社が形状をそっくりまねて製造・販売した。

1

(1)

(2)

(3)

(4)

2

(1)①

　　②

　　③

　　④

　　⑤

(2)

(3)②

　　③

　　④

　　⑤

(4)

3

(1)

(2)

(3)

(4)

1章

情報社会と問題解決

2 情報社会における法規と制度

❸ 著作権

📖 教科書　p.22〜23

 SUMMARY

❶ 著作者の権利と伝達者の権利

📖 p.22〜23

	著作者の権利		
	著作者人格権	**著作権（財産権）**	
権利の内容	（①　　　　　　　）の人格的な利益を保護する	権利の内容	（④　　　　　　　）の利用を許諾したり，禁止したりする
権利の保護期間	著作者の（②　　　　　）	権利の保護期間	原則，著作者の（⑤　　　　　）
他人への譲渡・相続	（③　　　　　）	他人への譲渡・相続	（⑥　　　　　）（一部または全部）

著作者とは別に，歌手・演奏家・俳優などの実演家，レコード製作者，放送事業者など，著作物を公衆に伝達する人や事業者には，（⑦　　　　　　　　　）が与えられる。この権利は演奏や放送などを行った時点で発生する。
保護期間は，実演・レコードが伝達後（⑧　　　　　）年，放送が伝達後（⑨　　　　　）年である。

❷ 著作物の利用

📖 p.22〜23

他人の著作物をコピーしたり，Web ページなどで利用したりする場合には，原則として（①　　　　　　　）の許諾を得る必要があり，許諾がなければ著作権の侵害にあたる。ただし，著作権法では，一定の例外的な場合に著作権などを制限して，（①）などに許諾を得ることなく著作物を利用できることを定めている。

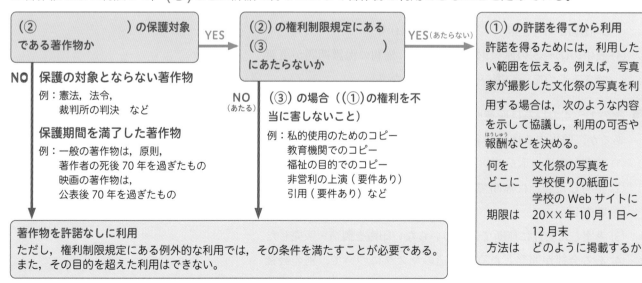

1 次の(1)～(5)は，著作者の権利について説明したものである。該当する権利の名称を書きなさい。知技

(1) 著作物を公表するかしないかを決める権利

(2) 著作物の内容などを意に反して改変されない権利

(3) 著作物を複製する権利

(4) 映画の著作物を譲渡または貸与する権利

(5) 美術の著作物を展示する権利

2 次のア～クの著作者の権利のうち，譲渡したり相続したりできる権利をすべて選び，記号で答えなさい。知技

ア 公表権　　　イ 複製権　ウ 頒布権　エ 氏名表示権

オ 同一性保持権　カ 貸与権　キ 翻案権　ク 公衆送信権

3 次の(1)～(7)の行為に関係する著作者の権利を下のア～シから選び，記号で答えなさい。知技

(1) 絵を展示して人に見てもらう

(2) 書いた詩を文集に載せるとき，その氏名を明らかにする

(3) Web ページにデジタルカメラで撮影した写真を載せる

(4) イギリスの作家の文章を日本語にする

(5) 描いた図面をコピーする

(6) オーケストラの演奏を録音してほかの人に聞いてもらう

(7) 戯曲を使って文化祭で芝居をする

ア 氏名表示権　イ 同一性保持権　ウ 複製権　エ 上演権

オ 演奏権　　　カ 公衆送信権　　キ 口述権　ク 展示権

ケ 頒布権　　　コ 貸与権　　　　サ 翻訳権　シ 翻案権

4 著作権法では，例外的に許諾なしで著作物を利用できる場合がある。その例外に該当するものを次のア～オからすべて選び，記号で答えなさい。思判表

ア テレビ番組を録画し，友人にプレゼントした

イ Web ページ上の統計の一部を引用し，レポートを作成した

ウ 高校の文化祭で，有名な脚本家の演劇を上演したが，予算がオーバーしそうだったので入場料を 100 円徴収した

エ 友人と音楽ライブに出るため，市販の楽譜を全員分コピーした

オ 高校の体育祭のプラカードにアニメのキャラクターを描いた

1

(1)

(2)

(3)

(4)

(5)

2

3

(1)

(2)

(3)

(4)

(5)

(6)

(7)

4

③ 情報セキュリティと個人が行う対策

❶ 認証とパスワード

📖 教科書　p.24〜25

 SUMMARY

❶ 認証

📖 p.24〜25

コンピュータやインターネットのサービスなどを利用するとき，（①　　　　　　　　）（個人を識別するための情報）と（②　　　　　　　　）（本人であることを確認するための情報）の組み合わせなどを使って，正規の利用者を確認することを（③　　　　　　）という。

多要素認証の要素には次の三つがある。

（④　　　　　）認証	（⑤　　　　　）認証	（⑥　　　　　）認証
本人のみが知っている情報を使って認証を行う方法。	本人が所有しているものを使って認証を行う方法。	本人の生体情報の特徴を使って認証を行う方法。

例えば，本人所有のスマートフォンなどに送信された認証コードを，パスワードの入力と組み合わせる場合は（⑦　　　　　　　　）となる。

❷ パスワードの作成と管理

📖 p.24〜25

パスワードなどの機密情報が漏洩（ろうえい）した場合，（①　　　　　　　　　）の被害に遭うおそれがある。

犯罪名	（②　　　　　　　）	（③　　　　　　　）
説明	コンピュータやネットワークなどに利用権限なく侵入すること	他人のふりをして行動すること

パスワード作成の注意点は次のとおりである。

安全性の高いパスワード	危険性の高いパスワード
・（④　　　　　　）ができる限り長いもの ・大文字，小文字，数字，記号を組み合わせたもの ・（⑤　　　　　）だけが覚えやすいもの	・（⑥　　　　　　　）と同じもの ・短すぎたり，管理しきれないぐらい長すぎたりするもの ・（⑦　　　　　　）が推測できるもの（名前，誕生日など）

情報技術を使わず，人間関係や心理のすきをねらって不正に情報を入手する（⑧　　　　　　　　　）といった行為もあるため，責任をもってパスワードを管理しなければならない。

電話でパスワードを聞き出す

システム課の○○ですが××さんのパスワードを確認させてください　　○○○○○です

（⑨　　　　　　）のふりをしてパスワードを聞き出す

1 次の表は多要素認証の特徴などについてまとめたものである。表中の①～⑨に該当するものを，下のア～ケからそれぞれ選び，記号で答えなさい。知技

	知識認証	所有物認証	生体認証
例	①	②	③
メリット	④	⑤	⑥
デメリット	⑦	⑧	⑨

■例

ア IC カード，QR コードなど

イ 指紋，静脈パターンなど

ウ パスワード，暗証番号など

■メリット

エ 適切に所有物を管理していれば，簡易で安全である

オ 盗聴・盗難されるリスクが低い

カ 認証機能の設置が簡易で，費用が安い

■デメリット

キ 認証機能の設置費用が割高になる

ク 盗難や不正コピーなどのリスクがある

ケ 情報漏洩や盗聴などのリスクがある

2 次のア～オの説明の中で，パスワードを作成するときの注意点として正しいものをすべて選び，記号で答えなさい。思判表

ア 生年月日や電話番号など，他人が類推しやすいものは避ける

イ 本人だけが覚えやすいものは，忘れた場合に困るので避ける

ウ 忘れてしまうことを防ぐため，記憶可能な短いものとする

エ 文字だけではなく，数字や記号を含むものとする

オ 辞書にある単語の中で，本人と無関係のものは利用してよい

3 次のア～エの説明の中で，ソーシャルエンジニアリングの例として誤っているものを一つ選び，記号で答えなさい。知技

ア ごみ箱の紙くずからパスワードなどの情報を探し出す

イ 他人のユーザ ID などを使い，その人のふりをして活動する

ウ 電話で管理者のふりをしてパスワードを聞き出す

エ 背後から肩越しにパスワードなどのキー入力をのぞき見る

1

①

②

③

④

⑤

⑥

⑦

⑧

⑨

2

3

③ 情報セキュリティと個人が行う対策

❷ 情報の暗号化

📖 教科書　p.26〜27

SUMMARY

❶ 暗号化の手順

📖 p.26〜27

情報を送信するとき，目的の受信者以外に情報を盗み見されないようにする方法に（①　　　　　　）がある。

（②　　　　　）
暗号化する前のデータ

（③　　　　　）
暗号化されたデータ

（②　　　　　）
暗号化する前のデータ

HAPPY BIRTHDAY TO YOU

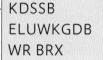
（④　　　　　　）
3文字分後ろにずらす

KDSSB ELUWKGDB WR BRX

（⑤　　　　　　）
3文字分前にずらす

HAPPY BIRTHDAY TO YOU

ABCDEFGHIJKLMNOPQRSTUVWXYZ

暗号化や復号に使われる一定の規則を（⑥　　　　　）という。

❷ 暗号化通信

📖 p.26〜27

ネットワーク上でやり取りされる情報は，（①　　　　　　）から閲覧されるおそれがあるため，大切な情報は暗号化して送受信することが必要である。なお，暗号化通信が行われているかどうかは，Webブラウザなどで確認できる。

❸ 無線LANの暗号化対策

📖 p.26〜27

（①　　　　　　　　）は電波を使って情報をやり取りするため，通信内容が盗み見られやすくなる。そのため，無線LANに接続する（②　　　　　　　　）が暗号化に対応したものであるか確認し，暗号化されていない無線LANでは，個人情報などの大切な情報をやり取りしないなど，状況に応じた対策を講じなければならない。

Webブラウザに（②　　　　　）のマークなどが表示され，Webページのアドレスは「（③　　　　　）://」で始まる。

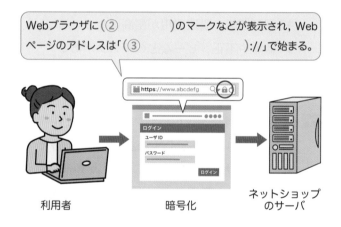

利用者　　　　暗号化　　　　ネットショップのサーバ

▼アクセスポイントが利用する暗号化方式の種類

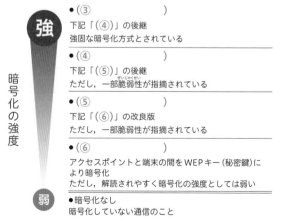

強

暗号化の強度

- （③　　　　　）
下記「（④）」の後継
強固な暗号化方式とされている
- （④　　　　　）
下記「（⑤）」の後継
ただし，一部脆弱性が指摘されている
- （⑤　　　　　）
下記「（⑥）」の改良版
ただし，一部脆弱性が指摘されている
- （⑥　　　　　）
アクセスポイントと端末の間をWEPキー（秘密鍵）により暗号化
ただし，解読されやすく暗号化の強度としては弱い
- 暗号化なし
暗号化していない通信のこと

弱

1 次の(1)〜(5)の用語に関する説明として最も適切なものを下のア〜オから選び，記号で答えなさい。 知 技

(1) 暗号化　　(2) 平文　　(3) 鍵　　(4) 無線 LAN　　(5) SSID

ア　無線 LAN のアクセスポイントの名前

イ　暗号化する前のデータ

ウ　暗号化や復号に使われる一定の規則

エ　電波でデータの送受信を行う通信網

オ　目的の受信者以外に情報を盗み見されないようにする方法

2 暗号化の方法として，文字をアルファベット順に一つ後ろにずらした暗号を作成する場合，「happy」という単語はどのように暗号化されるか，次のア〜エから選びなさい。 思 判 表

ア　gzoox　　イ　yppah　　ウ　ppyah　　エ　ibqqz

3 次のように，英文字からなる文字列を暗号化する方法を考えた。これについて，下の問いに答えなさい。 思 判 表

> ＜暗号化の方法＞
> ① 文字列の各文字の位置を数え，n 文字目の場合にはそのアルファベットを n 文字後にずらす。
> ② もし z を超えるときは，その後 abc…と繰り返す。
>
> 　例：平文が「six」のとき，
> 　　　s の 1 文字後は t，i の 2 文字後は k，x の 3 文字後は a
> 　　　よって暗号文は「tka」となる。
>
> abcdefghijklmnopqrstuvwxyzabc…
> 　　　　　2文字　　　　1文字　　　3文字

(1) 「bit」を暗号化しなさい。

(2) 「lgb」を復号しなさい。

4 Web ブラウザで暗号化通信が行われていることを確認するにはどのような方法があるか，二つ答えなさい。 知 技

1
(1)
(2)
(3)
(4)
(5)

2

3
(1)
(2)

4
・

・

③ 情報セキュリティと個人が行う対策

❸ コンピュータウイルスと対策

📖 教科書　p.28～29

SUMMARY

❶ コンピュータウイルス

📖 p.28～29

（①　　　　　　　　　　　　　　　）とは，プログラムやデータに対して意図的に被害をおよぼすことを目的に作成されたプログラムである。

▼コンピュータウイルスの特徴

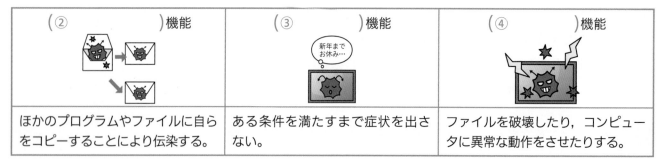

（②　　　　　　）機能	（③　　　　　　）機能	（④　　　　　　）機能
ほかのプログラムやファイルに自らをコピーすることにより伝染する。	ある条件を満たすまで症状を出さない。	ファイルを破壊したり，コンピュータに異常な動作をさせたりする。

▼コンピュータウイルス感染の予防策

（⑤　　　　　　　　　　　）の導入と（⑥　　　　　　　　　　　）の更新

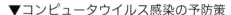

OS やアプリを
（⑦　　　　　　　　　　）
して最新の状態に保つ

事前に適宜
（⑧　　　　　　　　　　）
を取っておく

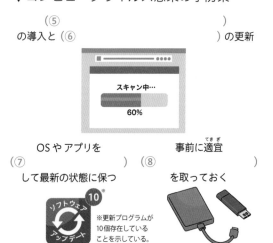

※更新プログラムが10個存在していることを示している。

▼コンピュータウイルス感染時の対応

① ウイルス感染したコンピュータを
（⑨　　　　　　　　　　　）から切り離す。

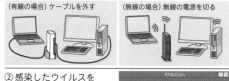

（有線の場合）ケーブルを外す　（無線の場合）無線の電源を切る

② 感染したウイルスを
（⑤）で特定し，駆除を行う。

③ 被害状況を
（⑩　　　　　　　　　　）
などに報告する。

❷ マルウェア

📖 p.28～29

ウイルスも含めて，コンピュータに何らかの危害や不正処理を加える悪質なプログラムを総称して
（①　　　　　　　　　　）という。

（②　　　　　　　　）	（③　　　　　　　　）	（④　　　　　　　　）
一見有用なプログラムを装い，実行するとデータを盗み出したり，破壊したりする。	感染対象のファイルを必要とせず，自分自身の複製を増やしていく。	コンピュータをロックして使用できない状況にし，もとの状態に戻すために身代金などを要求する。

1 次の(1)～(4)のうち，コンピュータウイルスに関する記述として適切なものには○，適切でないものには×を記しなさい。思 判 表

(1) 電子メールで送られてきた添付ファイルを開くことでウイルスに感染することがある。

(2) ウイルスに感染しても，メールを送信したり，Web ページを閲覧しない限り，他人に感染させることはない。

(3) OS やアプリを更新しない状態でいると，ウイルスに感染するリスクは高まる。

(4) コンピュータはネットワークに接続しなければウイルスに感染することはない。

2 次のア～エのコンピュータウイルス対策のうち，適切なものを一つ選び，記号で答えなさい。思 判 表

ア 電子メールの添付ファイルは，すぐに開いて内容を確認してからウイルスチェックを行う。

イ OS に欠陥があると表示されたので修正プログラムを導入した。

ウ 電子メールからウイルスに感染することもあるので，最新のメールソフトウェアに更新しておけば感染することはない。

エ インターネットに接続していないパソコンなので，ウイルス対策ソフトウェアはインストールしておく必要はない。

3 次のア～エのうち，ウイルス対策ソフトウェアに関する記述として正しいものを一つ選び，記号で答えなさい。思 判 表

ア ウイルス対策ソフトウェアは，パソコンに付属したものであれば自動的に動作するので，特に何かをする必要はない。

イ 自分で注意をしていればウイルスに感染することはないので，ウイルス対策ソフトウェアを導入する必要はない。

ウ ウイルス対策ソフトウェアを導入したら，ウイルス定義ファイルの更新を定期的に行い，常に最新の状態になるよう心がける。

エ ウイルス対策ソフトウェアを導入したら，パソコンの動作が遅くなるので，ウイルスチェック以外動作しないように設定する。

4 ウイルスの感染源として想定されるものを二つ答えなさい。知 技

1

(1)

(2)

(3)

(4)

2

3

4

・

・

✓ 章末問題

1 検索エンジンを利用した情報の収集について，次の問いに答えなさい。　📖 p.14～15

(1) 絶版となった「東京の郷土料理」の古本を探したい。検索のキーワードの設定で適切な方法を次のア～エから一つ選び，記号で答えなさい。思 判 表

　　ア「郷土料理」　　イ 東京の郷土料理　古本　　ウ 東京の郷土料理の本　　エ 絶版　古本

(2)「東京」と「博物館」の二つのキーワードを使い，AND 検索と OR 検索を行った。その結果，① 351 万件，② 13 万件となった。①と②は AND 検索，OR 検索のどちらを使用したものと考えられるか。思 判 表

1 解答欄

(1)

(2) ①

　　②

2 アンケート調査において，質問形式を選択式のみにしたときの問題点と，自由記述形式のみにしたときの問題点を次の空欄にまとめなさい。思 判 表　　📖 p.14～15

選択式のみにしたときの問題点

自由記述形式のみにしたときの問題点

3 8 月における 1 週間の最高気温(℃)と，商品 A と商品 B の売上数(個)の表を見て，次の問いに答えなさい。　📖 p.16～17

月日	8/1	8/2	8/3	8/4	8/5	8/6	8/7
最高気温	30	32	34	35	36	33	35
商品A	200	238	261	300	319	258	308
商品B	798	979	863	888	892	951	433

3 解答欄

(1) グラフ

　　横軸

　　縦軸

(2) グラフ

　　横軸

　　縦軸

(3)

(1) 1 週間の最高気温の推移を表すには，何グラフを用いればよいか。そのときの横軸と縦軸は何にすればよいか答えなさい。思 判 表

(2) 1 週間の最高気温と，商品 A の売り上げ数の関係をグラフにするには，何グラフを用いればよいか。そのときの横軸と縦軸は何にすればよいか答えなさい。思 判 表

(3) 最高気温と売上数との関係が強いのは商品 A，B どちらか答えなさい。思 判 表

4 次の文章を読んで，(1)〜(4)に書かれている内容と関係の深いものを下のア〜エから選び，記号で答えなさい（複数選択可）。

📖 p.18〜23

思 判 表

「文化祭でのクラスの出し物は，クラスの担当者が創作した台本による演劇である。その演劇は，文化祭で大好評であった」

(1) 著作者に無断で，この台本の内容を書き換えてはいけない。

(2) この演劇の練習風景や舞台道具の製作の様子を撮影し，数分のメイキング動画を作成したが，一般公開は避けた。

(3) 原作の台本には配役の名前と連絡先が記載されているため，適切に管理を行い，情報が外部に流出しないようにしている。

(4) 劇の練習で使用するため，台本をクラス全員分コピーした。

　　ア 肖像権　　イ 個人情報　　ウ 著作者人格権　　エ 著作権（財産権）

4	解答欄
(1)	
(2)	
(3)	
(4)	

5 著作権などの権利について，次の(1)〜(5)の文章の下線部を正しいものに訂正しなさい。知 技

📖 p.18〜23

(1) 著作権（財産権）は，原則，著作者の死後 100 年保護される。

(2) 勝手に有名人の名前や肖像を使って商売をすると，氏名表示権の侵害になる。

(3) 他人のメールの内容を無断で公開すると，展示権の侵害になる。

(4) 著作権は，文化庁に申請した時点で自動的に権利が発生する。

(5) デジタルカメラで許諾を得ずに顔写真を撮ると，著作者人格権の侵害になる。

5	解答欄
(1)	
(2)	
(3)	
(4)	
(5)	

6 情報セキュリティ対策について述べた次の(1)〜(6)の文章の中で，正しいものには○を，間違っているものには×を記しなさい。知 技

📖 p.24〜25，28〜29

(1) 正規の利用者であることをパスワードなどを使って認証する。

(2) コンピュータウイルスに感染したら，まずは，コンピュータをネットワークから切り離す。

(3) ウイルス対策ソフトウェアを導入すれば，ウイルス対策は万全である。

(4) プログラムやデータが壊れたり，紛失したりした場合に備え，ハードディスクなどにデータをコピーすることをアップデートという。

(5) 生体認証は，パスワードの代わりに生体情報を利用する認証方法である。

(6) パスワードは忘れると困るので，生年月日や電話番号を用いたほうがよい。

6	解答欄
(1)	
(2)	
(3)	
(4)	
(5)	
(6)	

1 メディア

1 メディアの機能と特性 　　　　　　　　　　📖 教科書　p.40〜41
2 メディアリテラシー 　　　　　　　　　　　📖 教科書　p.42〜43

✿ SUMMARY

① メディアの定義と特徴 📖 p.40〜41

　（①　　　　　　　　　）とは，情報を伝達する方法・手段のことである。さまざまなメディアの登場により情報を（②　　　　　　　）残すことができ，また遠くの人や（③　　　　　　　）の人に伝えることができるようになった。

　世の中の出来事を不特定多数の人に伝えるメディアを特に（④　　　　　　　　　　）という。新聞，テレビ，ラジオが代表例である。

② メディアの分類 📖 p.40〜41

（①　　　　　　　　　　）

新聞　　書籍　　ラジオ　　スマートフォン　　テレビ放送　　Webページ

（②　　　　　　　　　　）

文字（数字・記号を含む）　音声　図表　静止画・動画

（③　　　　　　　　　　）

紙　　光ディスク（CD・DVD）　USBメモリ　電波　電線

③ メディアリテラシーとクロスチェック／情報の信憑性 📖 p.42〜43

　メディアから提供される情報を主体的に（①　　　　　　　　）能力，メディアを活用しながら問題の発見・解決に向けて，適切かつ効果的に（②　　　　　　　　）能力，メディアを介して（③　　　　　　　）を主体的に行う能力，これらを総称して（④　　　　　　　　　　）という。受信した情報を，別のメディアからの情報と比較するなど，その情報が本当に正しいのか確認することを（⑤　　　　　　　　　）という。

　インターネット上では，誰でも情報を発信できるため，特に内容に偏りのある情報，真実ではない情報などが混じりやすい。情報の内容が確かで信用できる度合いのことを（⑥　　　　　　　）という。また，情報は真実の一部かもしれないが，真実の（⑦　　　　　　　）ではないことに特に気を付ける必要がある。また，自ら情報を発信する際には，（⑥）の（⑧　　　　　　　）情報になるように心掛けることが大切である。

1 次の(1)～(3)のメディアに該当するものを下のア～ソからすべて選び，記号で答えなさい。知 技 思 判 表

(1) 情報メディア

(2) 表現メディア

(3) 伝達メディア

ア 音声　イ スマートフォン　ウ 電波　エ 電線

オ 文字　カ 新聞　キ 図表　　ク USB メモリ

ケ テレビ放送　　コ ラジオ　サ 静止画・動画

シ 光ディスク　　ス 書籍　　セ Web サイト　ソ 紙

2 ニュース報道において，情報メディアであるテレビとインターネット上のメディアの間には，どのような特徴の違いがあるか，簡単に説明しなさい。思 判 表

3 次のア～キの文の中で，信憑性の高い情報を集める手法として，正しいものをすべて選び，記号で答えなさい。思 判 表

ア 発信者の連絡先が明記されている情報を集める。

イ 一般ユーザのブログや SNS から情報を集める。

ウ 情報の引用の出所が明記されている情報を集める。

エ 一つのメディアのみから情報を集める。

オ 公式 Web サイトや政府機関の Web サイトから情報を集める。

カ 最新の情報を集める。

キ インターネット検索で最初に出てきた Web サイトのみから情報を集める。

4 信憑性の低い情報を収集してしまった場合に考えられる問題を一つ以上あげなさい。思 判 表 主態

5 情報源の一つである口コミ（または口コミサイトなど）のメリットとデメリットを，それぞれ一つ以上あげなさい。思 判 表 主態

1
(1)
(2)
(3)

2章　コミュニケーションと情報デザイン

2

3

4

5

メリット

デメリット

2 コミュニケーション

1 効果的なコミュニケーション　　　　　　　　📖 教科書　p.44〜45
2 インターネット上のコミュニケーション　　　📖 教科書　p.46〜47

✳ SUMMARY

❶ さまざまなコミュニケーション　　　　　　　　📖 p.44〜45

（①　　　　　　　　　　　）とは，会話，スマートフォンなどのさまざまな情報メディアを介して，発信者と受信者で情報を伝え合うことである。

　また，発信者と受信者の位置関係や（②　　　　　　　）によって，コミュニケーションを分類することができる。伝えたい内容，対象，タイミングなどによって，コミュニケーションの方法を変えることが大切である。

▼発信者と受信者の人数による分類

（③　　　　　　）(1対1)	（④　　　　　　）(1対多)
両者間で個人的な情報を送受信し，共有する。秘密性の高いコミュニケーションが可能である。	1人が情報源となって発信し，複数の人が同じ情報を共有する。

（⑤　　　　　　）(多対1)	（⑥　　　　　　）(多対多)
複数の人が情報源となって発信し，1人がそれぞれの情報を受信する。	複数の人がそれぞれ対等に情報源となって発信し，それぞれが情報を共有する。

▼発信者と受信者の位置関係，同期性による分類

（⑦　　　　　　　　　　　　　　　）

会話，プレゼンテーションなど

相手の反応を見ながら情報を伝達できるけど，対象の人数や場所的な制約もあるね

間接コミュニケーション（⑧　　　　　）	間接コミュニケーション（⑨　　　　　）
電話，ビデオチャットなど	電子メール，Webページなど

相手は離れているけど，相手の反応を確認できるわ

いつでも情報を伝達できるけど，相手が情報をいつ受信したかわからないし，内容が正しく伝わったかもわからないね

❷ インターネット上のコミュニケーション　　　　📖 p.46〜47

　インターネット上では，遠隔地どうしでも（①　　　　　　　　）にコミュニケーションをとることができるため，すぐに相手の反応が返ってくることを期待でき（②　　　　　　　　　），意思疎通がスムーズにはかれて便利である（③　　　　　　　）。また，実名を使う必要がない（④　　　　　　　）サービスもあり，実生活とは切り離すことができる。　特に，人と人とのつながりをインターネット上で構築するサービスの一つを（⑤　　　　　　　）といい，日々の思いや考えを伝え，写真や動画を掲載するなど，コミュニケーションの場となっている。また，情報を誰もが発信でき，互いにコミュニケーションを取ることができるメディアを，特に（⑥　　　　　　　　　　　）という。

1 次の(1)～(4)のシチュエーションは，下のア～エのうちどのコミュニケーションの分類に該当するか，適当なものをそれぞれ選び，記号で答えなさい。知技 思判表

(1) 先生が全校集会で生徒に連絡事項を伝える。

(2) グループで自分の意見を互いに伝える。

(3) 先生と生徒で，2者面談をする。

(4) 先生が生徒に対し，アンケートを取る。

ア 個別型　イ マスコミ型　ウ 逆マスコミ型　エ 会議型

2 「直接コミュニケーション」，「間接コミュニケーション(同期)」，「間接コミュニケーション(非同期)」のそれぞれの特徴について，適当なものを次のア～カからすべて選び，記号で答えなさい。なお，同じ記号を何度使ってもよい。知技

ア 時間的な制約は発生せず，いつでも情報を伝達できる。

イ 移動を必要としない。

ウ 相手の反応を見ながら情報の伝達ができる。

エ リアルタイムでコミュニケーションが取れる。

オ 感染症予防対策になる。

カ 情報機器や通信環境などを必要としない。

3 SNSの使い方として，正しいものを次のア～エよりすべて選び，記号で答えなさい。思判表

ア 多くの人に見てもらうため，公序良俗に反したことであっても投稿をしてよい。

イ 個人情報は流出させないよう十分に気を付ける。

ウ 冗談であっても，嘘や事実を過大な表現にして投稿しない。

エ 写真や動画を投稿する際は，インパクトのあるものを撮るために，危険な撮影を行っても構わない。

4 電子メールを送信する際に，次の(1)～(3)の場合は，宛先(To)，CC，BCCのどれで送信すればよいか答えなさい。知技

(1) 顧客に一斉にメールを送る。

(2) 取引先に送信したメールを同僚にも送る。

(3) 取引先にメールを送る。

1

(1)

(2)

(3)

(4)

2

直接コミュニケーション

間接コミュニケーション(同期)

間接コミュニケーション(非同期)

3

4

(1)

(2)

(3)

3 情報デザインと表現の工夫

1 情報デザインの考え方 　　　　　　　　　　　　　📖 教科書　p.48〜49
2 表現の工夫 　　　　　　　　　　　　　　　　　📖 教科書　p.50〜51

 SUMMARY

1 情報デザインの役割／色や形による表現 　　　　　　　　📖 p.48〜49

　発信者の目的や意図のある情報を，多くの受信者に対してわかりやすく伝え，受信者が利用しやすいように表現方法を設計することを（① 　　　　　　　　　　）という。

　一般的に，誰もが使いやすいように設計された製品などのデザインを（② 　　　　　　　　　　　　　　）という。また，インターネット上の情報などへのアクセスのしやすさを（③ 　　　　　　　　　　　　）という。年齢や障がいの有無に関係なく，誰もが同じように必要な情報に アクセスできるよう心掛けることが大切である。

　色の違いを（④ 　　　　　　　）といい，色の関係を表した図を（⑤ 　　　　　　　　）という。より多くの人に伝わりやすい配色に気を付ける必要がある。

　情報を伝えたり，注意を促したりするための視覚的な記号を（⑥ 　　　　　　　　　　）という。（⑥）は，ひと目でわかるように対象や動きをシンプルに表現しているため，多くの人にとってわかりやすい。

▼明度と彩度

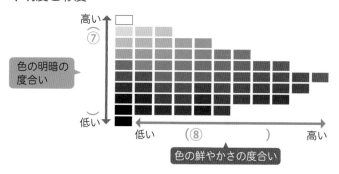

▼色相環

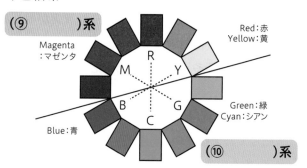

2 情報伝達の目的と対象／レイアウトの工夫 　　　　　　　📖 p.50〜51

　情報を的確にわかりやすく伝えるためには，「伝えたい情報の（① 　　　　　　　　）」，「情報を伝える（② 　　　　　　　）」を確認したうえで，表現方法や情報デザインを工夫する必要がある。

　チラシなどのデザインをする場合，文字や写真，図表などの配置を（③ 　　　　　　　　　）という。写真や図表を切り取ることを（④ 　　　　　　　）といい，見せたいところを焦点化することができる。

　文章も箇条書きにしたり，図表やイラストを入れて視覚化したりするとわかりやすくなる。特にデータや知識を視覚的に表現したものを（⑤ 　　　　　　　　　）といい，情報をわかりやすく伝える手法の一つである。

1 ユニバーサルデザインの例として正しい文を，次のア〜エから一つ選び，記号で選びなさい。思 判 表

ア ポスターにたくさんの情報を掲載するため，小さい文字を使用する。

イ 右利きの人が多いので，右利き用の道具のみを設計する。

ウ 自動販売機のボタンを，車いすの人や子供にも押しやすいよう，下にも配置する。

エ 取扱説明書が絵だと伝わりにくいので，文字のみで表現する。

2 次の(1)〜(2)の色の補色を，下のア〜エからそれぞれ選び，記号で答えなさい。知 技 思 判 表

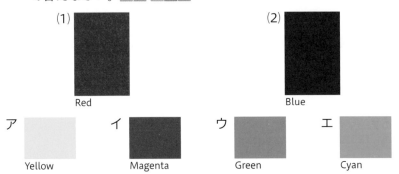

(1) Red

(2) Blue

ア Yellow イ Magenta ウ Green エ Cyan

3 明朝体と比較して，ゴシック体が優れる点をあげなさい。また，ゴシック体を使うのにふさわしい場面を一つ以上あげなさい。知 技 思 判 表

4 ピクトグラムを説明するものとして正しくないものを，次のア〜エから一つ選び，記号で答えなさい。知 技

ア 色を使うことで，色のもつ印象を加えて情報を伝えることができる。

イ 文字をたくさん使うことで，情報量を増やすことができる。

ウ 言語がわからなくても理解できる。

エ ひと目で何を表しているのかわかる。

5 インフォグラフィックスを使用するメリットを一つ以上あげなさい。知 技 主態

1

2

(1)

(2)

3

ゴシック体の優れる点：

ゴシック体を使用する場面：

4

5

コンテンツの制作

1 コンテンツ設計　　　　　　　　　　　　　📖 教科書　p.52〜53
2 スライド制作と発表　　　　　　　　　　　📖 教科書　p.54〜55

❋ SUMMARY

❶ コンテンツとプレゼンテーション／コンテンツの論理展開　　　📖 p.52〜53

相手に直接自分の意思やアイデアを効率よく伝える情報伝達の方法に（① 　　　　　　　　　　）がある。伝えたい情報の内容を（② 　　　　　　　　　）といい，特に，プレゼンテーションソフトウェアで作成された一枚一枚の資料を（③ 　　　　　　　　）という。実際に（③）を作るには，事前に（②）の設計を行う。また，（①）の目的や条件，方法などをまとめるために（④ 　　　　　　　　　　）を作成する。

論理的に情報を伝えるには，結論とその理由が重要である。口頭で発表するなど，伝えるために限られた時間しかない場合は先に結論を伝える（⑤ 　　　　　　　）（演繹型）がよいが，配布資料など文書で伝える場合は先に理由を伝える（⑥ 　　　　　　　）（帰納型）がよい。

また，（①）の場合には，最初と最後に二度同じ結論を述べる（⑦ 　　　　　　　　）により，確実に伝えるようにすることがある。

▼コンテンツ設計の手順

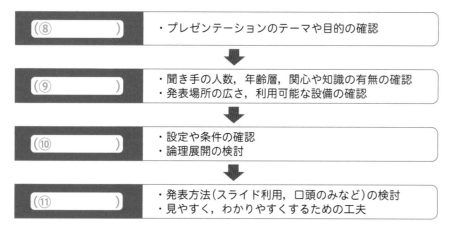

（⑧ 　　　　　　　）　・プレゼンテーションのテーマや目的の確認

（⑨ 　　　　　　　）　・聞き手の人数，年齢層，関心や知識の有無の確認
　　　　　　　　　　　・発表場所の広さ，利用可能な設備の確認

（⑩ 　　　　　　　）　・設定や条件の確認
　　　　　　　　　　　・論理展開の検討

（⑪ 　　　　　　　）　・発表方法(スライド利用，口頭のみなど)の検討
　　　　　　　　　　　・見やすく，わかりやすくするための工夫

❷ スライド制作とリハーサル／発表とフィードバック　　　📖 p.54〜55

プレゼンテーション用のスライドを作成するときは，（① 　　　　　　　　　　）を利用するとデザインが統一されて見やすくなる。

スライドの制作を進めつつ，発表する内容を決め，事前に必ず（② 　　　　　　　　　）を行う。このとき，話し手は，身振り，手振り，視線の方向などの（③ 　　　　　　　　　　　　）にも気を付ける。

スライドを提示し，聞き手の反応を見ながら，声の大きさや表情を変えながら発表を行うとよい。（④ 　　　　　　　　　）の時間があれば，話し手は聞き手の質問に対して適切に回答する。また，最後に発表内容，資料，話し方や態度などを記入する（⑤ 　　　　　　　　　　　）を活用して，聞き手によかった点や，改善すべき点を伝えてもらい改善を行う。

1 次の(1)〜(3)の文は，理論展開の論法を説明したものである。下のア〜ウから該当する論法を，エ〜カから使用に適切な場面を選び，それぞれ記号で答えなさい。知技

(1) 結論を先に述べて後から理由を述べる論法

(2) 最初と最後に2度同じ結論を述べる理論展開の論法

(3) 理由を先に述べて後から結論を述べる論法

論法：ア 尾括式　イ 頭括式　ウ 双括式

場面：エ プレゼンテーションの場合

　　　オ 伝えるために限られた時間しかない場合

　　　カ 配布資料など文章で伝える場合

1

(1) 論法：　　　　　　　場面：

(2) 論法：　　　　　　　場面：

(3) 論法：　　　　　　　場面：

2 コンテンツを設計する方法を説明した次のア〜エを，適切な手順になるように並べ替え，記号で答えなさい。知技 思判表

ア わかりやすい発表となるように発表方法を検討する。

イ 聞き手の情報や関心の有無，会場の設備や広さなどを確認する。

ウ 論理展開の検討を行う。

エ プレゼンテーションのテーマや目的の確認を行う。

2

手順①

手順②

手順③

手順④

3 次のア〜エのプレゼンテーションで使用するスライドについて，聞き手がわかりやすいスライドとして適切なものをすべて選び，記号で答えなさい。思判表

3

ア

イ

ウ

エ

✓ 章末問題

1 対面による会話(直接コミュニケーション)とビデオチャット(間接コミュニケーション(同期))のメリットと
デメリットを考え，表にまとめなさい。 思 判 表 主態　　　　　　　　　　　　　　📖 p.44〜45

	メリット	デメリット
対面による会話		
ビデオチャット		

2 正しい情報を受け取るためには，「クロスチェック」を行うことが望ましい。なぜクロスチェックが重要な
のか考え，答えなさい。 思 判 表 主態　　　　　　　　　　　　　　📖 p.42〜43

2 解答欄

3 写真共有サイトの SNS で友達と撮影した右の画像を投稿しようと
思う。この画像を投稿することで考えられることについて<u>正しくな
いもの</u>を，次のア〜キの文からすべて選び，記号で答えなさい。

思 判 表 📖 p.46〜47

ア 顔がインターネット上に公開されても個人情報ではないので問
題ない。

イ 写真から撮影場所が特定される可能性がある。

ウ ハッシュタグやアカウント名から個人が特定される可能性がある。

エ 写真に写る二人が知り合いであることが特定される。

オ 撮影時に写った指紋から生体認証情報が盗まれることはない。

カ 制服を着て撮影したので，在籍する高校が特定される。

キ この投稿を削除すれば，インターネット上からこの写真は完全
に消える。

3 解答欄

4 次の文章は，色の表現に関する文章である。(1)〜(5)に書かれている内容と関係の深い語句を答えなさい。知技 📖 p.48〜49

(1) 色の違いのこと

(2) 色の明暗の度合いのこと

(3) 色の鮮やかさの度合いのこと

(4) 色相環で向かい合った色どうしのこと

(5) 色相環で隣り合った色どうしのこと

4 解答欄

(1)

(2)

(3)

(4)

(5)

5 次のア〜カの文はウイルス対策ソフトウェアの必要性を述べたものである。(1)頭括式，(2)尾括式，(3)双括式でそれぞれ論理展開をすると，どのような文の並び順になるか，正しい並び順を記号で答えなさい(複数選択可)。知技 思判表 📖 p.52〜53

ア なぜなら

イ さらに

ウ したがって

エ コンピュータを守るためには，ウイルス対策ソフトウェアを使用し，常に最新の状態にソフトウェアを保つことが必要である。

オ インターネット上では常に新しい不正プログラムが発生している。

カ 不正ソフトウェアは，コンピュータのシステムやデータの破壊や，情報の流出などを行う可能性がある。

5 解答欄

(1) 頭括式

→　　　→　　　→　　　→

(2) 尾括式

→　　　→　　　→　　　→

(3) 双括式

→　　　→　　　→　　　→

→　　　→

6 プレゼンテーションに関する説明について述べた次の(1)〜(7)の文章の下線部について，正しいものは○を，正しくないものは正しい語句に訂正しなさい。知技 思判表 📖 p.54〜55

(1) 姿勢よく胸を張って大きな声で話す。

(2) なるべくスライドを見て話す。

(3) スライドの文字はできる限り小さくする。

(4) スライドの色はシンプルにする。

(5) 数値のデータは，グラフを使い視覚的に示すとよい。

(6) プレゼンテーションの練習である，リモートを十分に行うとよい。

(7) 身振り，手ぶり，視線など，バーバルコミュニケーションを取り入れる。

6 解答欄

(1)

(2)

(3)

(4)

(5)

(6)

(7)

1 情報の表し方

1 デジタル表現の特徴　　　　　　　　　　　　📖 教科書　p.66〜67
2 2進数と情報量(1)　　　　　　　　　　　　　📖 教科書　p.68〜69

✳ SUMMARY

1 アナログとデジタル／デジタルデータの特徴　　　　📘 p.66〜67

私たちの身のまわりで使っている量には，（①　　　　　　　）と（②　　　　　　　）で表されているものがある。それぞれの特徴は次の通りである。

●（①）：温度や時間のように変化する量を，温度計の水銀柱や時計の針のように，（③　　　　　　　）した量で扱う。

●（②）：連続して変化する量を，一定間隔で区切った数字のように，（④　　　　　　　）的な量で扱う。

（②）化したデータでは，数値，文字，音声，静止画，動画などの情報を（⑤　　　　　　　）的に扱うことができ，（⑥　　　　　　　）や（⑦　　　　　　　）が容易になるなどのメリットがある。

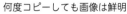
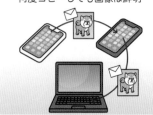

何度コピーしても画像は鮮明

画像の差し替えも簡単

画像　音声
文字　動画

・複製による（⑧　　　　　　）がない。

・データの（⑨　　　　　　）や編集が簡単にできる。

・数値，文字，音声，静止画，動画など，異なる種類のデータを（⑩　　　　　　）できる。

2 2進数で表すデータ　　　　　　　　　　　📘 p.68〜69

デジタル方式では，数値，文字，音声，静止画，動画などのすべての情報を「（①　　　　　）」と「（②　　　　　）」の組み合わせで表している。

コンピュータの内部では，（③　　　　　　）の高低を，ハードディスクでは，（④　　　　　　）の向きを「（①）」と「（②）」に対応させている。このように，「（①）」と「（②）」の組み合わせで数を表現する方法を（⑤　　　　　　）といい，（⑤）で表した数値を（⑥　　　　　　）と呼ぶ。

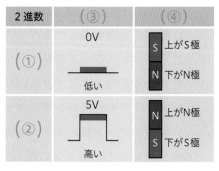

2進数	（③）	（④）
（①）	0V 低い	S 上がS極 N 下がN極
（②）	5V 高い	N 上がN極 S 下がS極

（⑤）では，「（①）」と「（②）」の組み合わせで数を表現するため，10進法の $2_{(10)}$ に相当する数は，桁を一つ上げて（⑦　　　　　）$_{(2)}$ と表し，読み方は（⑧　　　　　　　　）と読む。$3_{(10)}$ に相当する数は（⑨　　　　　　　）$_{(2)}$，その後，（⑩　　　　　　）$_{(2)}$，（⑪　　　　　　　）$_{(2)}$ と表す。

1 次の文章のうち，アナログの特徴にあてはまるものは「A」，デジタルの特徴にあてはまるものは「D」でそれぞれ答えなさい。知技

(1) 水銀柱の長さで連続した量を表現した体温計

(2) 長さを測るものさし，角度を測る分度器

(3) 数値，文字，音声，静止画，動画などのすべての情報を 0 と 1 の組み合わせで表すことができる

(4) データを数値化しているため，修正や編集などの加工が容易である

2 3 行 3 列のマスに右のような図が描かれている。塗りつぶしている部分を「1」，塗りつぶしていない部分を「0」として数値に置き換えるとき，横に切って上の行から順番に並べた数値を答えなさい。知技

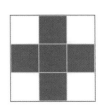

3 下のような 00 ～ 11 の数値に対応したパネルがある。次の問いに答えなさい。

　00　　　　　01　　　　　10　　　　　11

(1) 4 行 4 列にパネルを並べて，右のような図形を作る。このとき，数値化したものを横に切って上から順番に並べた数値を答えなさい。知技

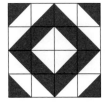

(2) 3 行 3 列にパネルを並べて作成した図形を数値化したとき「001000100010001000」となった。この図形を復元しなさい。思判表

(3) 5 行 5 列にパネルを並べて図形を作成し，それを数値化しなさい。また，数値を誰かに伝達し，復元してもらう作業を行い，一連の作業を通して気付いた点を書きなさい。

思 判 表 主態

1

(1)

(2)

(3)

(4)

2

3

(1)

(2)

(3)作成

数値化

気付いた点

情報の表し方

2　2進数と情報量（2）

📖 教科書　p.68〜69

✳ SUMMARY

① 情報量

📖 p.68〜69

（①　　　　　　　）とは，何種類の状態を区別することができるかを示す量のことで，単位を（②　　　　　）(bit) で表す。情報量の最小単位である（③　　　　　　　）とは，二つの状態を区別することができる情報量のことである。また，8（②）を1（④　　　　　　　）(B，Byte) と呼び，これを基本単位として大きな情報量は $2^{10}=$（⑤　　　　　　　）倍ごとに単位が変わる。

■ビット数と情報量の関係

ビット数	情報量
（③　　　）	2 通り
2 ビット	（⑥　　　）通り
3 ビット	（⑦　　　）通り
4 ビット	（⑧　　　）通り
5 ビット	（⑨　　　）通り
6 ビット	（⑩　　　）通り
7 ビット	（⑪　　　）通り
8 ビット	（⑫　　　）通り
16 ビット	（⑬　　　）通り

【2ビットの例】

2ビットは（⑥）通りの状態を区別できる。

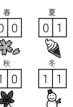

【3ビットの例】

3ビットは（⑦）通りの状態を区別できる。

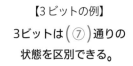
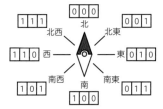

② 情報量の単位

📖 p.69

単位	読み方	関係
bit	（①　　　　　）	－
B，Byte	バイト	1B=（②　　　）bit
KB	（③　　　）バイト	1KB=（④　　　）B
MB	（⑤　　　）バイト	1MB=（④）KB
GB	（⑥　　　）バイト	1GB=（④）MB
TB	（⑦　　　）バイト	1TB=（④）GB
PB	（⑧　　　）バイト	1PB=（④）TB
EB	（⑨　　　）バイト	1EB=（④）PB

記憶容量の単位を 2^{10} 倍ごとに変化させる場合，Ki，Mi，Gi，…を使って表記する場合もある。

単位	読み方	関係
KiB	（⑩　　　）バイト	1KiB=（④）B
MiB	（⑪　　　）バイト	1MiB=（④）KiB
GiB	（⑫　　　）バイト	1GiB=（④）MiB
TiB	（⑬　　　）バイト	1TiB=（④）GiB
PiB	（⑭　　　）バイト	1PiB=（④）TiB
EiB	（⑮　　　）バイト	1EiB=（④）PiB

1　次の①〜⑥にあてはまる語句を答えなさい。知 技

　　1 ビットで表現できる情報量は（①）通りである。1 バイトは8 ビットであるから，1 バイトで表現できる情報量は（②）通りである。また，5 バイトは（③）ビットである。1KB は 2 の（④）乗バイトであるから，1MB は 2 の（⑤）乗バイト，1GB は 2 の（⑥）乗バイトである。

2　次の情報量を小さいものから順に並べ替えなさい。知 技

1MB　　　　1bit　　　　1KB　　　　1TB　　　　1GB

3　トランプの 2，3，4，5 のそれぞれのマーク（♠，♥，♦，♣）あわせて 16 枚の中から 1 枚引く。「Yes」「No」の回答で，引いた 1 枚のカードを当てるゲームをした。このとき，次の問いに答えなさい。思 判 表

(1) 1 回目の質問「マークの色は黒ですか？」で残る枚数は何枚か。

(2) 2 回目の質問「偶数ですか？」で残る枚数は何枚か。

(3) どんな場合でも必ず当てられる最小の質問回数を求めるには，16 枚のカードを表現するのに最低何ビット必要かわかればよい。最小の質問回数は何回か。

4　次の問いに答えなさい。

(1) 大中小の三つのさいころを投げたとき，出た目の組み合わせをすべて表すには何ビットの情報量が必要か。思 判 表

(2) 白と黒のパネルを 4 行 4 列に並べるとき，何ビットの情報量が必要か。思 判 表

(3) 赤，緑，青，白の 4 色のパネルを 4 行 4 列に並べるとき，何ビットの情報量が必要か。思 判 表

(4) 野球チームが 10 チームある。それぞれのチームには 100人の選手が所属しているため，背番号を 1 番から 100 番まで付けている。チームを表すビットと選手の背番号を表すビットを分けて表現するとき，少なくとも何ビットの情報量が必要か。思 判 表

1
①
②
③
④
⑤
⑥

2
　　　　→　　　　→　　　　→
→

3
(1) 　　　　　　　　　　枚
(2) 　　　　　　　　　　枚
(3) 　　　　　　　　　　回

4
(1) 　　　　　　　　ビット
(2) 　　　　　　　　ビット
(3) 　　　　　　　　ビット
(4) 　　　　　　　　ビット

3 章　情報とコンピュータ

② コンピュータでのデジタル表現

❶ 数値の表現

📖 教科書　p.70〜71

 SUMMARY

❶ コンピュータ内部の数値の表現／2進数と16進数

📖 p.70〜71

　私たちが日常用いる数値は，10進法で数を表現した（①　　　　　　）であり，0から（②　　　　　）まで
の 10 種類の数字を使用し，計算などを行う。これに対して，コンピュータの内部では，「0」と「1」だけを用
いる（③　　　　　）で数値を表現している。（③）は，桁数が多くなると人間にとってわかりづらいため，下
の桁から 4 ビットずつ区切り，それを一つの文字で表す（④　　　　　　）で表現することがある。

　（③）では「0」と「1」の組み合わせで表現するが，（④）では，0 〜（②）の数字と A 〜（⑤　　　　　）の英字
を使って表す。（④）を使って表現することが一般的なものとして，使用するコンピュータの違いによらず，
Web ブラウザを使って同じように表示される 216 種類の色である（⑥　　　　　　　　　　　）がある。

❷ 2進数と10進数の関係

📖 p.71

(1) $11_{(10)}$ の 2 進数への変換

```
2)11     余り
   5 …… （①        ）
   ↓
2)11     余り
2) 5 …… （①        ）
   2 …… （②        ）
```

```
  →2)11     余り
    2) 5 …… （①）
    2) 2 …… （②）
       1 …… （③）
```

（④　　　　　　　）$_{(2)}$ となる。

(2) $1011_{(2)}$ の10進数への変換

$1011_{(2)} = 1×$（⑤　　　　）$+ 0×$（⑥　　　　　）
$\qquad + 1×$（⑦　　　　　）$+ 1×2^0$
$\quad = 1×8 + 0×4 + 1×2 + 1×$（⑧　　　　　）
$\quad = 8 \ + 0 \ + 2 \ + 1$
$\quad =$（⑨　　　　　）

（⑨　　）$_{(10)}$ となる。

❸ 10進数，2進数，16進数の関係

📖 p.71

10 進数	2 進数	16 進数
0	0000	0
1	0001	1
2	（①　　　　　）	2
3	（②　　　　　）	3
4	（③　　　　　）	4
5	（④　　　　　）	5
6	（⑤　　　　　）	6
7	（⑥　　　　　）	7

10 進数	2 進数	16 進数
8	（⑦　　　　　）	8
9	（⑧　　　　　）	9
10	（⑨　　　　　）	（⑮　　　　）
11	（⑩　　　　　）	（⑯　　　　）
12	（⑪　　　　　）	（⑰　　　　）
13	（⑫　　　　　）	（⑱　　　　）
14	（⑬　　　　　）	（⑲　　　　）
15	（⑭　　　　　）	（⑳　　　　）

10 進数の 16 について，2 進数で表すと（㉑　　　　　　　），16 進数で表すと（㉒　　　　　）となる。

PRACTICE

1 次の 10 進数を 2 進数に，2 進数を 10 進数に変換しなさい。

(1) $40_{(10)}$　　(2) $10111_{(2)}$　知技

2 次の 16 進数を 2 進数に変換しなさい。知技

(1) $E_{(16)}$　　(2) $1A_{(16)}$

3 次の 2 進数を下の桁から 4 ビットずつ区切り，16 進数に置き換えなさい。知技

(1) $11010110_{(2)}$

(2) $00110101101100011001010011111_{(2)}$

4 次の 2 進数の計算を，筆算でしなさい。知技

(1)
$$\begin{array}{r} 11010_{(2)} \\ +\ 10011_{(2)} \\ \hline \end{array}$$

(2)
$$\begin{array}{r} 10110_{(2)} \\ -\ 01011_{(2)} \\ \hline \end{array}$$

5 下の図は，■を「1」，□を「0」として，5 ビットの 2 進数を表している。このとき，次の問いに答えなさい。思判表

$2_{(10)}$：□□□■□　　$3_{(10)}$：□□□■■

(1) $25_{(10)}$ を図のように 5 ビットの 2 進数で表しなさい。

(2) □■■□□　は 10 進数でいくつを表しているか，書きなさい。

(3) $2_{(10)} + 3_{(10)} = 5_{(10)}$　を次のように表せる。

　　□□□■□
＋　□□□■■
―――――――
　　0 0 1 0 1

このとき，次の計算結果を 5 ビットの 2 進数で表しなさい。

　　■■□■■
－　□□■□■
―――――――

1
(1)
(2)

2
(1)
(2)

3
(1)
(2)

4
(1)
(2)

5
(1)
(2)
(3)

2 コンピュータでのデジタル表現

2 文字のデジタル表現

📖 教科書 p.72〜73

✳ SUMMARY

1 文字コード

📘 p.72〜73

コンピュータの内部では，文字や記号も1文字ずつ2進数に置き換えて表している。文字や記号を2進数で表す方法を取り決めたものを(①) という。

(①)にはいくつかの種類があり，表示側と異なる(①)で入力された文字を読み込むと，入力時とは別の文字に変換されて読めなくなることがある。これを(②) という。

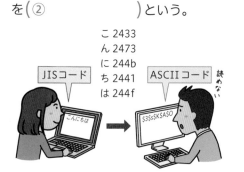

文字コード一覧（JISコードの一部）

		上位 4 ビット							
	2進数	0000	0001	0010	0011	0100	0101	0110	0111
2進数	16進数	0	1	2	3	4	5	6	7
0000	0			(空白)	0	@	P	`	p
0001	1			!	1	A	Q	a	q
0010	2			"	2	B	R	b	r
0011	3			#	3	C	S	c	s
0100	4			$	4	D	T	d	t
0101	5			%	5	E	U	e	u
0110	6	制御コード（省略）		&	6	F	V	f	v
0111	7			'	7	G	W	g	w
1000	8			(	8	H	X	h	x
1001	9			)	9	I	Y	i	y
1010	A			*	:	J	Z	j	z
1011	B			+	;	K	[	k	{
1100	C			,	<	L	¥	l	|
1101	D			-	=	M	]	m	}
1110	E			.	>	N	^	n	~
1111	F			/	?	O	_	o	DEL

「CAR」という文字列を右の(①)一覧を用いて表すと次のようになる。

	C		A		R	
	上位	下位	上位	下位	上位	下位
2進数	(③)	(④)	(⑤)	(⑥)	(⑦)	(⑧)
16進数	(⑨)	(⑩)	(⑪)	(⑫)	(⑬)	(⑭)

上位4ビットと下位4ビットを組み合わせる。

2 日本語の文字コード

📘 p.72〜73

コンピュータで基礎となる(①) は1バイトで表現され，(②) 種類（7ビット）の文字を扱う（最上位のビットは常に0）。日本語は，常用漢字だけでも約2,000文字あり，1バイトではすべての文字を表現できない。そのため，日本語に対応した文字コードとして，(③) コードや(④) コードがあり，1文字を(⑤) バイト（16ビット→(⑥) ）= 65,536種類）で表す。

また最近では，世界中の文字の集合である(⑦) を符号化した(⑧) が普及している。(⑧)では，1文字を1〜(⑨) バイトの範囲で表現し，日本語の文字の多くは(⑩) バイトで表す。

1 前ページの文字コード一覧(JIS コードの一部)を用いて，次の問いに答えなさい。知技

(1)「F」に対応する文字コードを 2 進数で表しなさい。

(2)「TEA」に対応する文字コードを 16 進数で表しなさい。

(3) 文字コード「5C(16)」に対応する文字を答えなさい。

1
(1)
(2)
(3)

2 次の(1)〜(4)の文章は，代表的な文字コードの特徴について説明している。対応する文字コードを語群から選びなさい。知技

(1) コンピュータの基礎となり，アルファベット(A〜Z, a〜z)，数字(0〜9)，記号などを 1 バイトで表現する。

(2) Unicode 用の文字符号化方式の一つで，ASCII と同じ部分は 1 バイトで表現し，それ以外は 2〜6 バイトで表現する。

(3) 世界各国の符号化文字集合の一つで，絵文字(⚽など)も含まれている。

(4) 日本語の文字を加えたもので，1 バイトコードと 2 バイトコードを組み合わせて運用する。

【語群】　ASCII　　シフト JIS　　Unicode　　UTF-8

2
(1)
(2)
(3)
(4)

3 以下の文章について，次の問いに答えなさい。

> 英字は，アルファベットの大文字，小文字合わせて 52 文字で表現するため，数字や記号，制御コードを含めて，①1 バイトで文字を表現できる。日本語は，常用漢字だけでも約2,000 文字あり，②1 バイトではすべての文字を表現できない。

(1) 下線部①で，英字 52 文字を 2 進数で表現するには，最低何ビットの情報量が必要か求めなさい。思判表

(2) 下線部②で，1 バイトでは約 2,000 文字ある常用漢字を，2 進数で表現できないことを説明しなさい。思判表 主態

3
(1)　　　　　　　　　　　　　　　ビット
(2)

4 次の空欄①〜②に適する数を求めなさい。知技

アルファベット 1 文字を 1 バイトで表現するとき，20 文字分の文字データのサイズは，最大で(①)B になる。日本語の文字 1 文字を 2 バイトで表現するとき，20 文字 × 20 行の原稿用紙 1 枚分の文字データのサイズは，最大で(②)B になる。

4
①　　　　　　　　　　　　　　　B
②　　　　　　　　　　　　　　　B

3 章　情報とコンピュータ

2 コンピュータでのデジタル表現

3 音の表現

教科書　p.74〜75

✿ SUMMARY

1 音の伝わり方

p.74〜75

音は空気の振動が伝わっていく（①　　　　　）の現象である。1秒間に含まれる（①）の数を（②　　　　　）といい，単位を（③　　　　　）(Hz)で表す。また，1個の（①）が伝わる時間を（④　　　　　）といい，単位を（⑤　　　　　）(s)で表す。

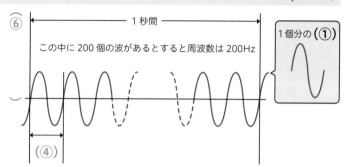

■音の高さと振動数の関係

（⑦　　　　　）音
振動数が多い
（周波数が高い）

（⑧　　　　　）音
振動数が少ない
（周波数が低い）

■音の大きさ（強さ）と振幅の関係

（⑨　　　　　）音　　（⑩　　　　　）音

振幅　　　　振幅

2 音のデジタル化

p.74〜75

コンピュータで音を処理するには，音の波を，（①　　　　　），（②　　　　　），（③　　　　　）の手順でデジタルデータに変換する必要がある。

・（①）…波を一定の時間間隔に区切って，量として取り出す。

・（②）…（④　　　　　）の値に最も近い段階の数値を割りあてる。

・（③）…数値を（⑤　　　　　）に置き換える。

（①）する時間の間隔を（⑥　　　　　）といい，（⑥）の逆数を（⑦　　　　　）という。（⑦）は，1秒間に（①）する回数のことで，（⑧　　　　　）ともいう。

例えば，（⑦）が50Hzの場合，音の波形を1秒間に（⑨　　　　　）回という間隔で区切って（④）を取り出しており，（⑥）は（⑩　　　　　）秒となる。（⑥）が短いほど，また，量子化する際の段階の数（（⑪　　　　　））が多いほど，もとの（⑫　　　　　）の波形に近くなり，音質がよくなる。しかし，（⑬　　　　　）が多くなるというデメリットがある。

1 音のデジタル化の手順について，【語句】ア～ウと【図】エ～カのそれぞれを正しい順番に並べ替えなさい。 知技

【語句】　ア 量子化　　イ 符号化　　ウ 標本化

【図】

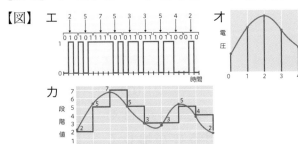

1

【語句】　　　　　→　　　　　→

【図】　　　　　　→　　　　　→

2 次の問いに答えなさい。 知技

(1) 1 秒間に 300 個の波があるとき，周波数は何 Hz か。

(2) 標本化周波数が 44,100Hz のとき，1 秒間に標本化する回数は何回か。

(3) 16 段階で量子化するとき，何ビットの量子化になるか。

(4) 量子化ビット数が 16 ビットであるとき，何段階で量子化するか。2 の何乗という形で答えなさい。

(5) 標本化周期が 0.01 秒のとき，標本化周波数は何 Hz か。

2

(1) 　　　　　　　　　　Hz

(2) 　　　　　　　　　　回

(3) 　　　　　　　　　　ビット

(4) 2の　　　　　　　　　　乗

(5) 　　　　　　　　　　Hz

3 音の波形を標本化して，3 ビットの量子化を行ったときの標本点の数値の一部である。量子化・符号化の表をまとめなさい。 思 判 表

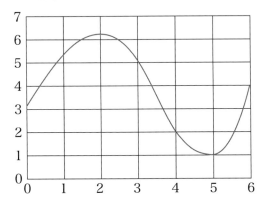

時間	標本化
0	3.1
1	5.2
⋮	⋮
6	4.0

3

時間	量子化	符号化
0		
1		
2		
3		
4		
5		
6		

4 単一の正弦波で周波数が 100Hz の波がある。標本化周波数を 100Hz としたとき，波の山のみが標本化され，直線が再現されてしまった。そこで，標本化周波数を倍の 200Hz にしたところ，元の波形が再現できた。なぜうまくいったのか理由を説明しなさい。 思 判 表 主態

4

コンピュータでのデジタル表現

4 画像の表現

📖 教科書 p.76〜77

✺ SUMMARY

❶ カラー画像の表現／画像のデジタル化

📖 p.76〜77

ディスプレイなどの画面では，（①　　　　）(R)，（②　　　　）(G)，（③　　　　）(B)を組み合わせて，色を表現している。この三つの色を（④　　　　　　）という。（①），（②），（③）を混ぜると明るさが増して（⑤　　　　）に近付く。これを（⑥　　　　　　）という。

また，画像を構成する最小単位を（⑦　　　　　　）(ピクセル)という。一つの（⑦）には，それぞれ（①）色，（②）色，（③）色の光を発する（⑧　　　　　　）があり，（⑧）の明るさを調節して色を表現している。

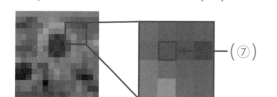——（⑦）

RGB 三つで1（⑦）

▼画像デジタル化の手順

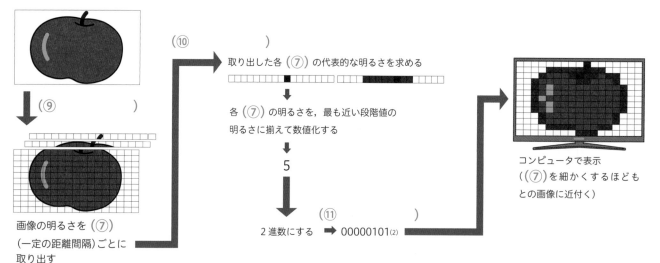

（⑨　　　　　　）

画像の明るさを（⑦）(一定の距離間隔)ごとに取り出す

（⑩　　　　　　）

取り出した各（⑦）の代表的な明るさを求める

↓

各（⑦）の明るさを，最も近い段階値の明るさに揃えて数値化する

5

↓

2進数にする ➡ 00000101(2)　（⑪　　　　　　）

コンピュータで表示
((⑦)を細かくするほども
との画像に近付く)

❷ 解像度と階調

📖 p.76〜77

画像をデジタル化するときの画素の細かさのことを（①　　　　　　）という。また，赤，緑，青の三つの画素の明るさ(濃淡値)を，一番明るい状態から一番暗い状態まで分ける段階数のことを（②　　　　）という。（①）を（③　　　　　　）する(画素を細かくする)ほど，きめ細かく滑らかな画像になる。また，（②）を増やすほど，画像をより鮮明に表現することができる。

多くの液晶ディスプレイは24ビットカラー (RGB各色（④　　　　　　）：2^8＝（⑤　　　　　　）) で，約1,678万色を表現できる。24ビットカラーを（⑥　　　　　　）という。

1 光の三原色の模式図を参考に，画素を構成するR，G，Bが使われている場合は「1」を，使われていない場合は「0」を記入し，表を完成させなさい。 知技 思判表

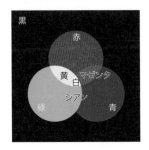

2 次の(1)〜(3)の画像の解像度を下のア〜エから選び，記号で答えなさい。 知技

(1) 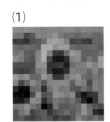　　(2) 　　(3)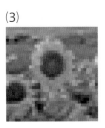

ア　480×480　　イ　32×32　　ウ　16×16　　エ　8×8

3 次の(1)〜(3)の画像の階調を下のア〜ウから選び，記号で答えなさい。 知技

(1) 　　(2) 　　(3)

ア　各色2階調　　イ　各色4階調　　ウ　各色16階調

4 次の空欄①〜③に適する語句を答えなさい。 知技

白と黒の2色で表される2値画像は，1画素2階調であるため，1画素あたりの情報量は（①）ビットとなる。白から黒まで濃淡を付けたグレースケールの場合は，00，01，10，11の4階調で表現したときの1画素あたりの情報量は（②）ビットとなり，256階調で表現したときの1画素あたりの情報量は（③）ビットとなる。

0	1

00	01	10	11

1

色	R	G	B
赤	1	0	0
緑			
青			
黄			
シアン			
マゼンタ			
白			
黒	0	0	0

2

(1)

(2)

(3)

3

(1)

(2)

(3)

4

①

②

③

2 コンピュータでのデジタル表現

5 動画の表現とファイル形式　　　　　　📖 教科書　p.78〜79

 SUMMARY

1 動画の表現　　　　　　　　　　　　　　　　　　　　📖 p.78〜79

動画は，静止画を連続的に表示している。少しずつ動きが変化する絵をパラパラめくりながら見ると，人間の目には動いているように見える。このように（①　　　　　　　）に画像を表示することが動画の原理である。

動画における1枚1枚の画像を（②　　　　　　　）と呼ぶ。1秒あたりに再生する（②）数を（③　　　　　　　）と呼び，（④　　　　　　　）で表す。

2 圧縮とファイル形式　　　　　　　　　　　　　　　　📖 p.78〜79

デジタル化した音声や画像，動画は，ファイルサイズが大きくなりやすいため，（①　　　　　　　）してデータを小さくして扱うことが多い。圧縮したデータをもとに戻す処理を（②　　　　　　）という。（①）には，（③　　　　　　　）（（①）前のデータと（①）・展開後のデータが同じになる方式）と（④　　　　　　　）（（①）前のデータと（①）・展開後のデータが一致しない方式）があり，（①）する方式によって，データ量が異なる。

▼音声・画像・動画のファイルの種類と特徴

種類	拡張子	特徴
音声	wav	圧縮されていないため，データ量は大きい。
	（⑤　　　）	音楽ダウンロードで使われている非可逆圧縮の音声ファイル形式である。データ量が小さい。
	（⑥　　　）	電子楽器やWebページなどで利用される。音色，音階，音の長さを数値で指定するため，データ量は小さい。
画像	bmp	圧縮されていないため，データ量は大きい。
	（⑦　　　　　　　）	Webページやデジタルカメラで利用される。フルカラー（24ビット）の画像を表現できる。圧縮は非可逆圧縮である。データ量は小さくできる。
	（⑧　　　）	Webページで利用される。フルカラー（24ビット）の画像を表現できる。圧縮は可逆圧縮である。（⑦）よりデータ量が大きくなる傾向がある。
動画	（⑨　　　）	多くのパソコンで再生できる動画ファイル形式である。圧縮された映像や音声を格納できる。
	mpg ／ mpeg	ビデオ，CD，DVDなどで利用されている。圧縮されているため，データ量は小さい。
	（⑩　　　）	圧縮されているため，データ量を小さくできる。Webページでの動画配信に使われている。

1 右の図は，動画の1秒間を示した模式図である。次の(1)〜(4)の問いに答えなさい。知技

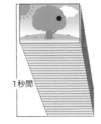

1秒間

(1) 絵1枚1枚のことを何と呼ぶか。

(2) 30fps の動画の場合，絵は1秒間で何枚あるか。

(3) 30秒間で360枚の絵があるとき，何 fps か。

(4) 24fps のアニメーションを1分間作成するには，何枚の絵が必要になるか。

1	
(1)	
(2)	枚
(3)	fps
(4)	枚

2 代表的なファイル形式について，右の表を完成させなさい。ただし，データの種類に適する語句はア〜エから，圧縮の種類に適する語句はオ〜カから選び，それぞれ記号で答えなさい。思判表

ア 音声　　イ 画像　　ウ 動画　　エ テキスト

オ 可逆圧縮　　カ 非可逆圧縮

2			
拡張子	データの種類	圧縮の種類	
mp3			
flac			
jpg(jpeg)			
png			
wmv			

3 次の(1)〜(3)は，ファイルの拡張子について説明した文章である。最も適する拡張子を下のア〜クから選び，記号で答えなさい。知技

(1) さまざまな OS や Web ブラウザ，スマートフォンなどに対応している動画ファイル形式で，字幕や静止画なども格納できる。

(2) Web ページや簡単なアニメーションで利用されている画像ファイルで，256色(8ビット)を表現することができる。

(3) 画素の情報をそのまま保持している画像ファイルで，データ量は大きい。

ア mp3　　イ mid　　ウ bmp　　　　エ jpg(jpeg)
オ png　　カ gif　　キ mpg(mpeg)　　ク mp4

3	
(1)	
(2)	
(3)	

4 「AAAAAAABBAAAAABBBBABBBBBB」(25文字)を次の(1)〜(2)の方法で圧縮するとどのような表記になり，何文字になるか，答えなさい。知技 思判表

(1) 文字の種類と数を表記する方法
　　例．AAABBBB　→　A3B4(4文字)

(2) A，Bの2種類の文字であるため，Aから始めて文字数だけ並べる方法
　　例．ABBBBAAABB　→　1432(4文字)

4	
(1)	
	(　　　　文字)
(2)	
	(　　　　文字)

③ 情報機器とコンピュータ

❶ さまざまな情報機器　　　📖 教科書 p.80〜81
❷ ハードウェアとソフトウェア　　　📖 教科書 p.82〜83

SUMMARY

❶ 情報機器と私たちの生活／組み込み機器　　　📖 p.80〜81

情報通信技術を使って情報を収集，処理，通信するときに利用する機器を総称して（①　　　　　）という。（①）は，小型化・軽量化して携帯性が高まるとともに，多機能化している。例えば，情報を記録する（②　　　　　）(集積回路)と（③　　　　　）を受信するアンテナを一体化した小さなタグ(札)を（④　　　　　）という。（⑤　　　　　）が内蔵されずにアンテナから届いた（③）を電力に変えてデータの通信ができるものもある。自動改札の乗車券，スマートフォン決済など，さまざまな用途に用いられている。

テレビや冷蔵庫，自動車，医療機器など，身のまわりにある機器の多くに機能を特化したコンピュータが入っており，このようなコンピュータを内蔵した機器を（⑥　　　　　）という。

❷ ハードウェア／ソフトウェア　　　📖 p.82〜83

コンピュータは，演算，制御，記憶などの働きをするコンピュータ本体と，本体に接続し，文字，数値，画像，音声などのデータの入出力や，記憶をする周辺機器で構成されている。このコンピュータ本体や周辺機器を合わせて（①　　　　　）という。コンピュータの主要な装置または機能とされている（②　　　　　）装置，（③　　　　　）装置，（④　　　　　）装置，（⑤　　　　　）装置，（⑥　　　　　）装置のことを（⑦　　　　　）という。

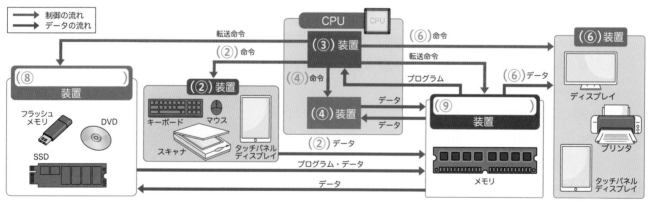

コンピュータの（①）を動作させ，データを処理し，目的の作業をする手順や命令をまとめたものを（⑩　　　　　）という。（⑩）には，（⑪　　　　　）(OS)と呼ばれる基本（⑩）と，ワープロ，表計算，画像処理など，特定の目的のために使う（⑫　　　　　）がある。OS は，コンピュータを利用するための標準的な操作手順を提供し，（①）や（⑫）を（⑬　　　　　）するとともに，（①）を（⑭　　　　　）して扱い，ユーザが利用しやすい環境を提供している。例えば，OS を介することで，ユーザは（①）の種類に関係なく，（⑮　　　　　）でデータの読み書きができる。

1 次の空欄①，②に適するものを複数個あげなさい。 思 判 表 主態

　組み込み機器は，専用の用途として利用されるため，汎用性のあるパソコン以外のほとんどの情報機器のことをさす。例えば，家電製品である ① や自動車，医療機器などがある。これらの機器を開発していくうえで，サイズや形状，限られた時間内での処理能力，インターネットに接続できるようになったためのセキュリティ面などが検討されている。組み込み機器の特徴として ② などをあげることができる。

2 次の(1)〜(4)にあてはまるものを，下のア〜キからすべて選び，記号で答えなさい。 知 技

(1) 入力装置　　　　　　(2) 記憶装置
(3) 出力装置　　　　　　(4) アプリケーションソフトウェア

ア　マウス　　イ　メモリ　　ウ　SSD　　エ　キーボード
オ　ワープロソフトウェア　　カ　OS　　キ　プリンタ

3 OS について説明した次の(1)〜(4)の文章について，正しいものには○を，誤っているものには×を記しなさい。 思 判 表

(1) スマートフォンには OS は搭載されていない。
(2) OS は，ハードディスクの読み書きなど，ハードウェアとソフトウェアのデータのやり取りを管理している。
(3) アプリケーションソフトウェアは，OS がなければ実行することはできない。
(4) デバイスドライバは，プリンタなどの周辺装置を直接操作しているソフトウェアである。

4 CPU(中央処理装置)の動作について，次の空欄①〜⑤に適する語句を答えなさい。 知 技

・(①)で主記憶装置のどの番地の命令を次に取り出すかを指定する。
・主記憶装置の指定された番地にある命令を取り出し，(②)に一時的に保存する。
・(③)で(②)に保存された命令を解読し，各部を制御する。
・(④)にデータを一時的に保存したり，(⑤)で加算などの算術演算やそのほかの演算を行ったりする。

1

①

②

2

(1)

(2)

(3)

(4)

3

(1)

(2)

(3)

(4)

4

①

②

③

④

⑤

3章

情報とコンピュータ

STEPUP さまざまな計算

教科書　p.90〜91

PRACTICE

次の **1**〜**5** の問題は，1KB ＝ 1,024B，1MB ＝ 1,024KB，1GB ＝ 1,024MB として計算する。

1 画像のデータ量／動画のデータ量　📖 p.90

　24 ビットカラー，解像度が 1,024×768 の画像がある。このとき，次の(1)〜(2)の問いに答えなさい。

(1) 画像のデータ量(MB)を求めなさい。知技

(2) この画像を 1 フレームとして，30fps で 20 秒間の動画を作成したときの，データ量(GB)を求めなさい。ただし，小数第二位を四捨五入して小数第一位まで求めなさい。知技

2 動画のデータ量

　解像度が 800×600 で，24 ビットカラーの画像がある。この画像を 1 フレームとして 30fps で音声を含まない動画を作成したとき，動画のデータ量が 1GB であった。このときの動画は何秒になるか求めなさい。ただし，小数第一位を四捨五入して求めなさい。知技

3 音声のデータ量　📖 p.90

　CD のデータは，標本化周波数 44,100Hz，量子化ビット数 16 ビット，2 チャンネル(ステレオ)である。4 分間の音楽のCD のデータ量(MB)を求めたい。次の(1)〜(3)の問いに答えなさい。

(1) 標本化 1 回に必要なデータ量(B)を求めなさい。知技

(2) 1 秒間に必要なデータ量(B)を求めなさい。知技

(3) 4 分間のデータ量は約何 MB か。ただし，小数第二位を四捨五入して小数第一位まで求めなさい。知技

1

(1) ____ MB

(2) ____ GB

2

____ 秒

3

(1) ____ B

(2) ____ B

(3) 約 ____ MB

4 通信速度とデータ量　　　　　　　　　　　📖 p.90

　通信速度 20Mbps で，10 秒間に送れるデータ量(MB)を求めなさい。ただし，1Mbps ＝ 1,000kbps，1kbps ＝ 1,000bps として計算しなさい。また，小数第二位を四捨五入して小数第一位まで求めなさい。知技

5 転送時間　　　　　　　　　　　　　　　　📖 p.91

(1) 20Mbps の通信速度で，5MB のデータ量を転送するのにかかる時間(秒)を求めなさい。ただし，1Mbps ＝ 1,000kbps，1kbps ＝ 1,000bps として計算しなさい。また，このときの伝送効率は 100％とし，小数第一位を四捨五入して求めなさい。知技

(2) ある通信回線では，データ送信の際の通信速度が最大 1Gbps である。ただし，実際の通信速度は，回線の混雑などにより伝送効率は 50％とする。この回線を使い，500,000KB のデータをアップロードするのにかかる時間は何秒か。1Gbps ＝ 1,000Mbps，1Mbps ＝ 1,000kbps，1kbps ＝ 1,000bps とし，小数第一位を四捨五入して求めなさい。知技

(3) 伝送効率が 30％である通信回線でデータ送信を行う際，通信速度を 900Mbps で保つには，通信速度の最大が何Gbps あればよいか，1Gbps ＝ 1,000Mbps として計算しなさい。知技

4
　　　　　　　　　　　　　　　MB

5
(1)　　　　　　　　　　　　　　秒

(2)　　　　　　　　　　　　　　秒

(3)　　　　　　　　　　　　　　Gbps

3章 情報とコンピュータ

✓ 章末問題

1 アルファベット A から Z までの 26 文字を 2 進数で表現する ために は，最低何ビットが必要か求めなさい。[知][技] 📖 p.68〜69

1 解答欄

＿＿＿＿＿＿＿＿＿＿ ビット

2 3KB を B(バイト)と bit(ビット)に変換しなさい。ただし， 1KB ＝ 1,024B とする。[知][技] 📖 p.69

2 解答欄

3KB＝ ＿＿＿＿＿＿＿＿ B

3KB＝ ＿＿＿＿＿＿＿＿ bit

3 16GB の容量の USB メモリがある。この USB メモリには， 700MB の容量の CD 最大何枚分のデータが入るか。ただし， 1GB ＝ 1,024MB とする。[知][技] 📖 p.69

3 解答欄

＿＿＿＿＿＿＿＿＿＿ 枚

4 次の(1)〜(3)の数を指定された進数に変換しなさい。[知][技] 📖 p.71

(1) $111001_{(2)}$ 　　　[10 進数]

(2) $46_{(10)}$ 　　　[2 進数]

(3) $46_{(16)}$ 　　　[2 進数]

4 解答欄

(1)

(2)

(3)

5 次の(1)〜(2)の 2 進数を計算しなさい。[知][技] 📖 p.71

(1) $1011_{(2)} ＋ 1110_{(2)}$

(2) $11010_{(2)} － 01011_{(2)}$

5 解答欄

(1)

(2)

6 教科書 p.73 の文字コード一覧(JIS コードの一部)を用いて， 次の問いに答えなさい。[知][技] 📖 p.73

(1)「Q＆A」に対応する文字コードを 16 進数で表しなさい。

(2) 16 進数で表された文字コード「4B　69　42」に対応する 文字を答えなさい。

6 解答欄

(1)

(2)

7 標本化周波数 aHz，量子化ビット数 b ビットのアナログ音声をデジタル化するとき，1 秒あたりの音声のデータ量（B）を a，b を用いて表しなさい。思判表 📖 p.74

7 解答欄

8 解像度について，次の(1)～(2)の問いに答えなさい。知技 📖 p.77
(1) 800×600 の画像ファイルの総画素数は何画素か求めなさい。
(2) 総画素数が 192 万画素のデジタルカメラで，横と縦の比率が 4：3 の写真を撮影する。この画像データの横と縦の画素数はそれぞれ何画素か。

8 解答欄	
(1)	画素
(2) 横	画素
縦	画素

9 Web セーフカラーは RGB の色を 16 進数で表すとき，00，33，66，99，CC，FF を使って色を指定することで，OS などの環境による色の変換を最低限に防ぐことができる。このとき，Web セーフカラーは，216 種類の色を表すことができることを説明しなさい。思判表 主態 📖 p.77

9 解答欄

10 解像度が 1,024×768 で，24 ビットカラーの画像を撮影できるデジタルカメラがある。画像のデータ量を圧縮せず，1,000 枚の写真を記録するには，少なくともどれぐらいの容量の記録メディアを購入すればよいか，適するものを下のア～オから選び，記号で答えなさい。知技 📖 p.77
ア 1GB　　イ 2GB　　ウ 4GB　　エ 8GB　　オ 16GB

10 解答欄

11 基本ソフトウェアやアプリケーションソフトウェアにはどのようなものがあるか，実習室の端末や自分の情報機器を調べてみよう。思判表 主態 📖 p.83

ソフトウェアの名称	分類	働き
	基本	ハードウェアやデータの管理・制御を行う OS
	アプリケーション	文書処理ソフトウェア
	アプリケーション	表計算ソフトウェア
	アプリケーション	プレゼンテーションソフトウェア
	アプリケーション	Web ページ閲覧用ソフトウェア（Web ブラウザ）

1 アルゴリズムと基本構造

1 アルゴリズム　　　　　　　　　　　　　　📖 教科書　p.96〜97
2 アルゴリズムの基本構造　　　　　　　　　📖 教科書　p.98〜99

SUMMARY

1 問題解決のためのアルゴリズム／アルゴリズムの例　　　📖 p.96〜97

問題解決のための処理手順である（①　　　　　　　　）をコンピュータで処理できるようにしたものが
（②　　　　　　　　）である。（①）は，箇条書きや（③　　　　　　　　）（流れ図）などで表すことが多い。

●フローチャートで使われる記号（ JIS X 0121 による ）

名称	記号	内容
端子	⬭	（④　　　　　　　）
データ	▱	（⑤　　　　　　　）
処理	▭	（⑥　　　　　　　）
判断	◇	（⑦　　　　　　　）

名称		記号	内容
ループ端	始端	▭	（⑧　　　　　　　）
	終端	▱	（⑨　　　　　　　）
線		──	（⑩　　　　　　　）
定義済み処理		▣	（⑪　　　　　　　）

2 アルゴリズムの基本構造／わかりやすいアルゴリズムとプログラム　　　📖 p.98〜99

一般的にアルゴリズムは，（①　　　　　　　）構造，（②　　　　　　　）構造（分岐構造），（③　　　　　　　　）構
造（反復構造）の三つの基本構造を組み合わせて作られる。この三つの基本構造の組み合わせによって処理を組み
立てる方法を（④　　　　　　　　　　）という。

●基本構造の特徴と例

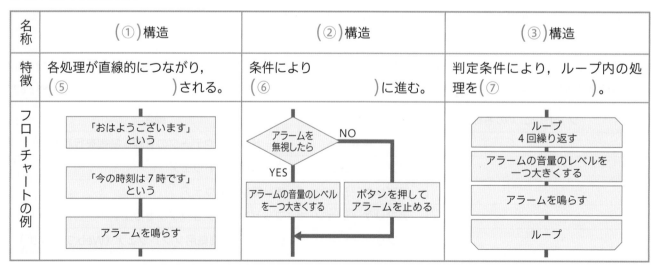

名称	（①）構造	（②）構造	（③）構造
特徴	各処理が直線的につながり，（⑤　　　　　　　　）される。	条件により（⑥　　　　　　　）に進む。	判定条件により，ループ内の処理を（⑦　　　　　　　）。
フローチャートの例	「おはようございます」という／「今の時刻は7時です」という／アラームを鳴らす	アラームを無視したら（YES/NO）／アラームの音量のレベルを一つ大きくする／ボタンを押してアラームを止める	ループ 4回繰り返す／アラームの音量のレベルを一つ大きくする／アラームを鳴らす／ループ

1 自動ドアのアルゴリズムに必要な処理には，どのようなものがあるか考え，箇条書きで書きなさい(例：一定の距離内に物体を感知したら開く)。知技 思判表

1
.
.
.

2 地点Pで北向きに立っているA君が，右のフローチャートに従って移動する。フローチャート実行後にA君が立っている位置と向いている方角を下のア～エから選び，記号で答えなさい。思判表

ア 最初と同じ位置で北向き
イ 最初と同じ位置で西向き
ウ 地点Pから北へ1メートルの位置で北向き
エ 地点Pから北へ3メートルの位置で西向き

2

3 入力された犬の体重から，10kg 未満は小型犬，10kg 以上は中・大型犬と表示する処理の流れをフローチャートで表した右の図について，①～③に入る条件・処理の組み合わせを下のア～エから二つ選び，記号で答えなさい。思判表

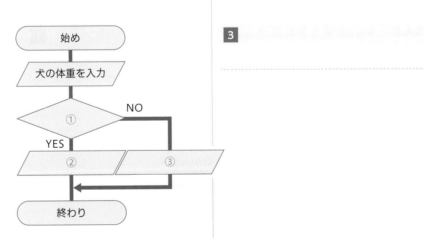

ア ①10kg 未満か　②中・大型犬と表示　③小型犬と表示
イ ①10kg 未満か　②小型犬と表示　③中・大型犬と表示
ウ ①10kg 以上か　②中・大型犬と表示　③小型犬と表示
エ ①10kg 以上か　②小型犬と表示　③中・大型犬と表示

3

2 プログラムの基礎

1 簡単なプログラムの作成
2 プログラムと変数

📖 教科書　p.100〜101
📖 教科書　p.102〜103

SUMMARY

1 アニメーションのプログラム　📖 p.100〜101

ある処理の中にもう一つの処理が入っている構造のことを
（① 　　　　　　　　　）（ネスト）という。

入れ子構造の例

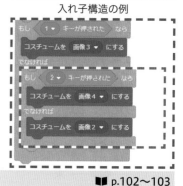

2 変数の働き／変数の代入　📖 p.102〜103

プログラムでは（① 　　　　　　）に値を格納して使うことが多い。（①）を
利用するためには名前（（② 　　　　　　））を付ける。

（①）に値を格納することを（③ 　　　　　　）という。

プログラムの欠陥や不具合のことを（④ 　　　　　　）といい、この（④）を
プログラムから取り除く修正作業のことを（⑤ 　　　　　　）という。

変数のイメージ

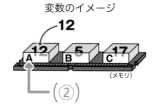

PRACTICE

1 代入に「＝」を使うプログラミング言語の場合、次の(1)〜(3)
について示されたすべての行を処理した後、変数Aの値がそれ
ぞれ何になるか答えなさい。 知技

(1) 1行目：A ＝ 1
　　2行目：A ＝ A ＋ 1

(2) 1行目：A ＝ 2
　　2行目：A ＝ A ＊ 3

(3) 1行目：A ＝ 1
　　2行目：A ＝ A ＋ 2
　　3行目：A ＝ 5

2 右のプログラムを実行した
とき、「答え」は何になる
か答えなさい。 知技

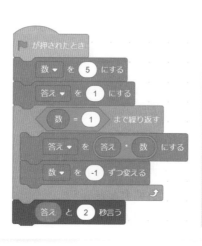

1

(1)

(2)

(3)

2

3 下のプログラムは，入力された本体価格と税率から税込み金額を求めるものである。プログラム作成時に使った変数を下のア〜オからすべて選び，記号で答えなさい。 知 技 思 判 表

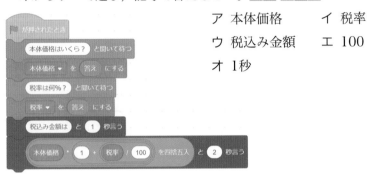

ア 本体価格　　　　イ 税率
ウ 税込み金額　　　エ 100
オ 1秒

3
_____

4 1から30まで順に数を数えていき，3で割り切れる場合は「Fizz!」，5で割り切れる場合は「Buzz!」，3と5の両方で割り切れる場合は「Fizz Buzz!」を数の代わりにいう言葉遊びをプログラムで再現したい。下のプログラム中の①〜⑦の部分に入る最も適切なものを下のア〜キから選び，記号で答えなさい。 思 判 表

ア ③　　イ ⑤　　ウ ⑮　　エ 数字
オ Fizz!　　カ Buzz!　　キ Fizz Buzz!

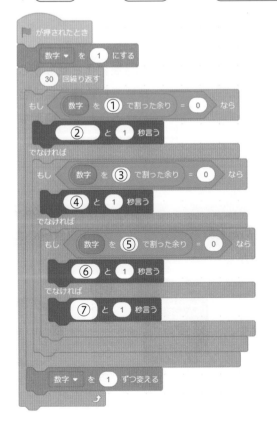

4
① _____
② _____
③ _____
④ _____ ┐
⑤ _____ │ 順不同
⑥ _____ ┘
⑦ _____

③ プログラムの応用

1 配列とリスト
2 関数

📖 教科書　p.104〜105
📖 教科書　p.106〜107

✳ SUMMARY

1 配列とリスト／変数と配列の処理
📖 p.104〜105

複数の変数をひとかたまりとして，一つの変数のように扱えるようにしたものに（①　　　　　）と
（②　　　　　）がある。格納されている値の順番をさし示す（③　　　　　）を変えて，値を取り出したり
格納したりする。

比較　六つの値の合計を求める処理の流れ（変数「合計」を使用）

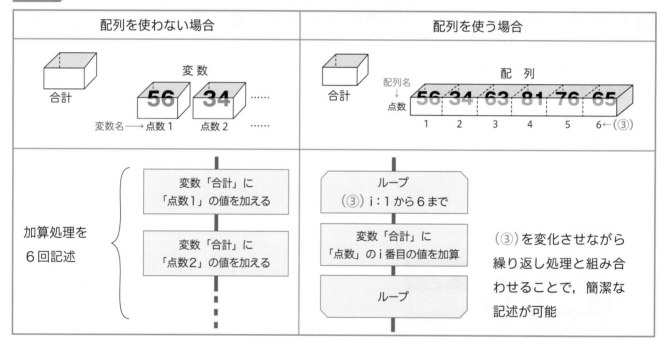

配列を使わない場合	配列を使う場合

2 関数／関数の定義
📖 p.106〜107

プログラミングにおける（①　　　　　）とは，一定の処理をまとめたものである。プログラミング言語にはじめ
から用意されている（②　　　　　　）と，プログラム作成者が
後から定義する（③　　　　　　）の2種類がある。

AをBで割ったときの余りCを返す関数について考える。この関
数を呼び出すもとのプログラムは，AとBに値を入れて関数に渡す。
このAとBを（④　　　　　）と呼ぶ。関数側ではAとBから余り
Cを求め，もとのプログラムに返す。このCを（⑤　　　　　）と
呼ぶ。

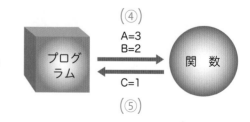

1 右の図は，10クラスの合計人数を変数「合計」に代入して表示するアルゴリズムをフローチャートで表したものである。各クラスの人数は配列「クラス人数」に入っており，この配列のi番目の値を「クラス人数[i]」と記述する。また，配列の添字iは0から始まることとして，①〜⑤に最も適切なものを下のア〜クから選び，記号で答えなさい。なお，記号は複数回使用してよい。　思 判 表

ア 0　イ 1　ウ 9　エ 10　オ 合計
カ クラス人数　キ 合計[i]　ク クラス人数[i]

始め
↓
(①) に (②) を代入
↓
ループ
添字 i：0 から (③) まで
↓
変数「(④)」に
(⑤) を加算
↓
ループ
↓
(④) を表示
↓
終わり

2 下の図は，二桁の数を二人がそれぞれ入力し，その和の下一桁の数で「有効期間リスト」，積の下一桁の数で「相性リスト」の添字を決定して相性診断するプログラムである。知 技 思 判 表
(1) ユーザ定義関数(ブロック)の引数名を答えなさい。
(2) ①〜③で示した箇所に当てはまる数を答えなさい。

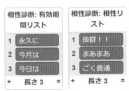

下一桁の数	添字
0, 1	1
2〜4	2
5〜9	3

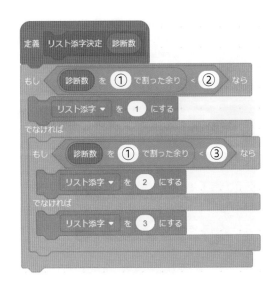

1
①
②
③
④
⑤

2
(1)
(2)①
　②
　③

✓ 章末問題

1 右の図は，ストップウォッチの表示アルゴリズムのフローチャートである。ただし，分の表示は60分で0分にリセットされることとする。 📖 p.98

(1) ①〜⑤に記述する処理を下のア〜オからそれぞれ選び，記号で答えなさい。 思 判 表

ア「秒表示」を0にする
イ「分表示」を0にする
ウ「秒表示」を＋1する
エ「秒表示」が60か？
オ「分表示」が60か？

(2) ②および④から出ている矢印が終点とする直前の処理の番号を書きなさい。例：処理③と④の間→「③」 思 判 表

(3) 毎実行時に0分0秒から開始するにはどうすればよいか答えなさい。 思 判 表 主態

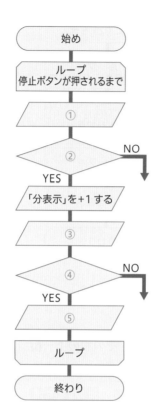

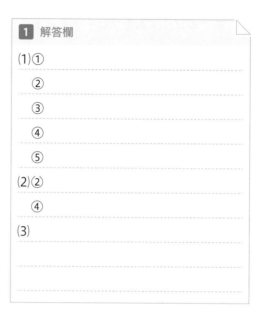

1 解答欄

(1)①
　②
　③
　④
　⑤
(2)②
　④
(3)

---

2 次のプログラムは，コンピュータが乱数を用いて決めた2桁の整数を当てる数当てゲームのプログラムである。 📖 p.102

(1) 当たった場合は繰り返し処理から抜けて終了するため，変数「当たりフラグ※」を使って改良したい。①〜③のブロックをどこに挿入すればよいか，最も適切なものを，ア〜カから選び，記号で答えなさい。 知 技 思 判 表

※ 1/0，True/False，YES/NO などの2値（真偽値）を取る変数を，状況変化の判断のために使うことがある。このような使い方をする変数をフラグという。

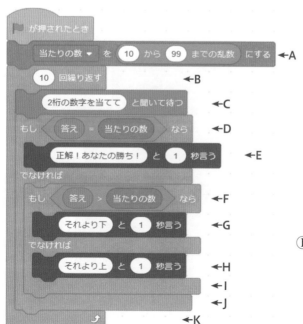

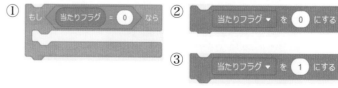

ア Bから K の外側を囲む位置

イ Cから J の外側を囲む位置

ウ Fから I の外側を囲む位置

エ AとBの間　　オ BとCの間　　カ DとEの間

(2) さらに，10回すべて不正解の場合に「あなたの負け！」と
いうように改良したい。下のブロックをどこに挿入すれば
よいか，最も適切なものをア〜エから選び，記号で答えな
さい。思 判 表

ア HとIの間　　イ IとJの間　　ウ JとKの間　　エ Kの後

2 解答欄

(1)①

　②

　③

(2)

3 下の図は，最高気温を求めるアルゴリズムのフローチャート A と，真夏日（30 度以上）・夏日（25 度以上）
の日数を求めるアルゴリズムのフローチャート B である。30 日間の気温データが配列「気温」に入ってお
り，この配列の i 番目の値を「気温[i]」と記述する。また，配列の添字 i は 0 から始まることとする。

思 判 表 📖 p.104

(1) ①には数値を，②には不等号（＞または＜）を入れなさい。

(2) ③〜⑥にあてはまる数値と変数名の組み合わせとして正し
いものをア〜エから選び，記号で答えなさい。

ア ③ 25　　④ 夏日　　⑤ 30　　⑥ 真夏日

イ ③ 30　　④ 真夏日　　⑤ 25　　⑥ 夏日

ウ ③ 25　　④ 真夏日　　⑤ 30　　⑥ 夏日

エ ③ 30　　④ 夏日　　⑤ 25　　⑥ 真夏日

3 解答欄

(1)①

　②

(2)

※1 気温としてありえない小さい数値（−1000
などでも可）を初期値として代入しておき，
繰り返し処理の中でより高い気温に更新し
ていく。気温[0]を初期値としてもよい。

※2 このループの「（①）まで」とは「（①）に等
しくなるまで」の意。例：0 から 3 まで：
0，1，2，3

フローチャート A　　　フローチャート B

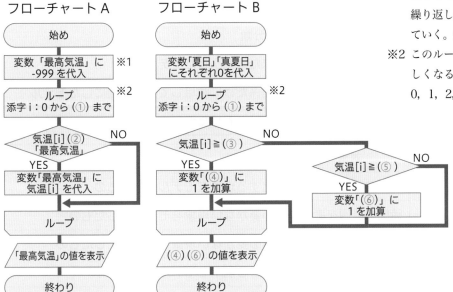

1 モデル化

1 モデル化の基礎

📖 教科書　p.116〜117

✳ SUMMARY

1 モデル化／モデル化の目的

📖 p.116

　モデルとは，ある物体や事象に関する特徴を抽出して簡略化した模型のことをさす。また，モデルを作成することを（①　　　　　　　）または（②　　　　　　　　　）という。

　モデル化の目的は，さまざまな条件を変化させて対象の動作を（③　　　　　　　　　　　　）によって予測し，複雑なシステムの設計，企業戦略や経済政策を行うのに役立てることである。

2 モデル化の手順

📖 p.116〜117

モデル化は，次の⑴〜⑶の手順で行われる。

何を目的にモデルを作成するか明確にする。

モデルの特徴を表す要素を限定し，構造を決定する。

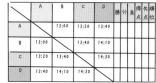

特徴を的確に表現できる形式を選び，モデルを表現する。

⑴モデル化の（①　　　　　　　）の明確化　⑵モデルの（②　　　　　　　　　）の決定　⑶モデル化の（③　　　　　　　　）の選択

3 モデル化の分類

📖 p.116〜117

　モデルの形式には，対象の何を表現するかによってさまざまな表現方法がある。例えば，「表現形式」や「対象の特性」によって次の表のようにモデルを分類することができる。

表現形式による分類	
（①　　　　　　）	対象となる実物を拡大または縮小したモデル
（②　　　　　　）	対象の構成要素とその関係だけに注目して構造を図にしたモデル
（③　　　　　　）	対象の状態を数学的（数式）に表したモデル

対象の特性による分類	
（④　　　　　　）	時間の経過とともに変化する現象をモデル化したもの
（⑤　　　　　　）	時間の経過を考慮する必要がない現象をモデル化したもの
（⑥　　　　　　）	偶然的な要素を考慮する必要がない現象をモデル化したもの
（⑦　　　　　　）	偶然的な要素によって決まる現象をモデル化したもの

1 次の(1)〜(6)を「表現形式による分類」を用いて分類する場合，適切なモデルはどれか，下のア〜ウから選び，記号で答えなさい。知 技 思 判 表

(1) 地下鉄の路線図　　　　(2) 住宅の模型図

(3) 水量の変化　　　　　(4) プラモデル

(5) ニュートンの運動方程式　(6) デパートのフロアマップ

ア　物理的モデル　　イ　図的モデル　　ウ　数式モデル

2 次の(1)〜(8)を「対象の特性による分類」を用いて分類する場合，適切なモデルはどれか，(1)〜(4)は下のア，イから，(5)〜(8)は下のウ，エから選び，記号で答えなさい。知 技 思 判 表

(1) 人口の推移　　　　(2) 球技大会の対戦表

(3) 高校野球のトーナメント表

(4) 飛行機の離陸から時間にともなう速度の変化

(5) レジの待ち行列　　(6) 水量の変化

(7) コインを投げたときの表裏

(8) 銅線に流れる電流とかかる電圧との関係

ア　動的モデル　　イ　静的モデル　　ウ　確定的モデル

エ　確率的モデル

3 次の(1)〜(6)の文章のうち，正しいものには○を，誤っているものには×を記しなさい。思 判 表

(1) モデルとは，ある物体や事象に関するすべての特徴を抽出した模型のことをさす。

(2) モデル化する対象が同じであっても，条件によっては異なる表現方法でモデル化する場合がある。

(3) モデル化を行う場合，はじめに何を目的にモデルを作成するか明確にしなければいけない。

(4) 対象の構成要素とその関係だけに注目して構造を図にしたモデルを図的モデルという。

(5) 時間の経過とともに変化する現象をモデル化したものを確定的モデルという。

(6) レジの待ち行列は，確率的モデルだけではなく，静的モデルでも表現することができる。

1
(1)
(2)
(3)
(4)
(5)
(6)

2
(1)
(2)
(3)
(4)
(5)
(6)
(7)
(8)

3
(1)
(2)
(3)
(4)
(5)
(6)

1 モデル化

2 モデル化（図的モデル）

📖 教科書　p.118～119

✳ SUMMARY

1 図的モデル　　　　　　　　　　　　　　　　　　　　　　📘 p.118

（①　　　　　　　　　　）とは，対象の（②　　　　　　　　）とその（③　　　　　　　　）だけに注目して構造を図にしたモデルのことである。

2 図的モデルの表現方法　　　　　　　　　　　　　　　　📘 p.118

図的モデルの表現方法としては，下記のモデルなどがある。

■（①　　　　　　　　　　）　例：ヒータによる水温調整

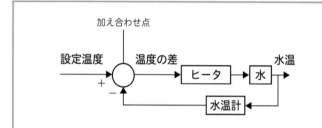

対象を構成する要素の間に，信号が流れるようすを表したモデルである。
（②　　　　　　　　　　）において，＋と－の信号を記述することが特徴である。

■（③　　　　　　　　　　）　例：ストップウォッチによる計測

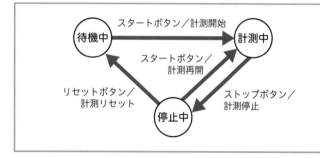

（④　　　　　　　）を表す円と（⑤　　　　　　　）を表す矢印を用いる。
また矢印は，状態の遷移の引き金となる入力と，その結果として生じる出力を表している。

■（⑥　　　　　　　　　　）　例：自動販売機の動作

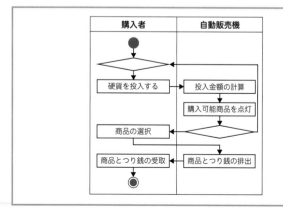

連続する実行の流れを表現したモデルで，
ある事象の（⑦　　　　　　　）（●）から
（⑧　　　　　　　）（◉）までの機能を記述する。

1 次の図は再生ボタン／停止ボタン／一時停止ボタンがある CD プレイヤーの状態遷移図を表している。図の(1)〜(5)にあてはまる語句を，下のア〜オから選び，記号で答えなさい。思 判 表

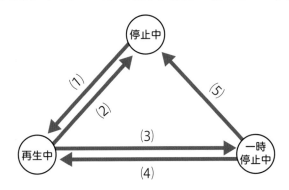

ア 停止ボタン／一時停止を停止

イ 再生ボタン／再生を開始

ウ 一時停止ボタン／再生を一時停止

エ 再生ボタン／再生を再開

オ 停止ボタン／再生を停止

2 次の図は利用者が ATM にキャッシュカードを挿入し，現金を受け取るまでのアクティビティ図を表している。図の(1)〜(5)にあてはまる語句を，下のア〜オから選び，記号で答えなさい。

利用者	ATM
カードを挿入する	
(1)	(2)
(3)	◇ [Yes] [No] (4)
	(5)
現金を受け取る	

ア 引き出す現金の額を入力する 思 判 表

イ エラーメッセージを表示する

ウ 暗証番号を入力する

エ 現金を排出する

オ 暗証番号が正しいかどうか確認する

1
(1)
(2)
(3)
(4)
(5)

2
(1)
(2)
(3)
(4)
(5)

5章

モデル化とデータの活用

63

2 シミュレーション

1 シミュレーションの基礎

📖 教科書 p.120〜121

❋ SUMMARY

❶ シミュレーション 📖 p.120〜121

(① ）とは，モデルを用いて実際の現象や実物の動作を再現することを意味する。特に，コンピュータを用いて数値計算を繰り返し実行させるものを（ ② ）といい，（ ③ ），（ ④ ），（ ⑤ ）などが使用される。

❷ シミュレーションの目的 📖 p.120

システムを実際に用いて試すには，コストや時間がかかり，（ ① ）をともなう場合も多い。そこで，現実世界を（ ② ）してシミュレーションすることで，実際のシステムを変更することなく（ ③ ）をはかることができる。

❸ シミュレーションの手順 📖 p.120〜121

シミュレーションは，次の六つの手順に沿って行われる。

手順1 （ ① ）の明確化　　手順2 問題の（ ② ）　　手順3 （ ③ ）への書き込み

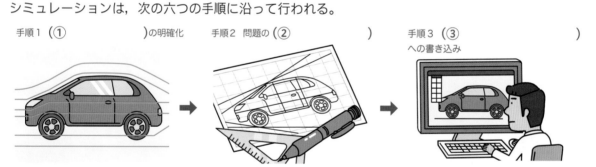

問題を明確にし，シミュレーションの目的を決定する。／シミュレーションで扱う問題のモデル化を行う。／モデルをシミュレーション専用ソフトウェアへ書き込む。

手順6 結果の（ ⑥ ）　　手順5 モデルの（ ⑤ ）　　手順4 （ ④ ）の実行

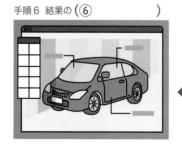

結果を分析して結論を導く。／必要があればモデルを修正して，再度シミュレーションを実行する／シミュレーションを繰り返して実行し，結果を出力する。

1 次の(1)～(5)のシミュレーションに関する文章のうち，正しいものには○を，誤っているものには×を記しなさい。思判表

(1) モデル化とは，モデルを用いて実際の現象や実物の動作を再現することを意味する。

(2) コンピュータを用いて数値計算を繰り返し実行させるものをコンピュータシミュレーションという。

(3) システムを実際に用いて試すには，コストや時間はかかるが，危険をともなう場合はほとんどない。

(4) シミュレーションは必ずコンピュータを用いて行われる。

(5) 現実世界をモデル化してシミュレーションすることで，実際のシステムを変更することなく問題解決をはかることができる。

1
(1)
(2)
(3)
(4)
(5)

2 次の表は「コインの表と裏が出る確率が等しいこと」を検証するための，シミュレーションの手順と作業内容を表している。表の(1)～(6)にあてはまる作業内容を，下のア～カから選び，記号で答えなさい。思判表

順序	シミュレーションの手順	作業内容
1	目的の明確化	(1)
2	問題のモデル化	(2)
3	ソフトウェアへの書き込み	(3)
4	シミュレーションの実行	(4)
5	モデルの妥当性検証	(5)
6	結果の分析	(6)

ア ソフトウェアでシミュレーションを実行した。

イ コインの表と裏が出る確率を数式モデルで表現した。

ウ シミュレーションの結果，コインの表と裏が出る確率に大きな差が生じたため，モデルの「コインを投げる回数」の箇所を修正し，再度シミュレーションを実行した。

エ コインの表と裏が出る確率が等しいことを検証したい。

オ シミュレーションの結果，修正後のモデルにおいてコインの表と裏が出る確率が等しくなることがわかった。

カ 数式モデルをソフトウェアへ書き込んだ。

2
(1)
(2)
(3)
(4)
(5)
(6)

2 シミュレーション

2 シミュレーション（確定的モデル）　　📖 教科書 p.122〜123

3 シミュレーション（確率的モデル）　　📖 教科書 p.124〜125

✳ SUMMARY

1 確定的モデル　　📖 p.122

（①　　　　　　　　　）とは，不規則な動作や偶然的な要素を含まない現象をモデル化したものである。（①）によるシミュレーション結果が時間とともに変化する場合には，横軸に（②　　　　　　　）を取ってグラフで表現することが多い。（①）によってモデル化できる現象の例としては，左下の図のような（③　　　　　　　　　　）や，右下の図のような（④　　　　　　　　　）などがある。

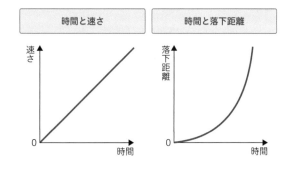

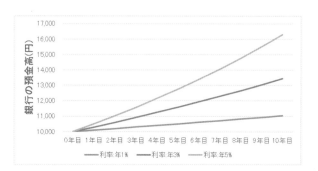

2 確率的モデル　　📖 p.124

（①　　　　　　　　　　）とは，不規則な動作をする現象や偶然的な要素によって決まる現象をモデル化したものである。（①）によるシミュレーションには，（②　　　　　　　　）を使用する場合が多い。さいころの目のように，どの数値も等しい確率で現れる（②）を（③　　　　　　　　）という。

さいころの目の 1〜6 が出る確率（理論的な確率）はどれも等しく $\frac{1}{6}$（約 0.167）である。さいころの目を（④　　　　　　　　）といい，左下の図のように（④）が 1〜6 の値を取った確率（経験的な確率）を表したグラフを（⑤　　　　　　　　）という。また，さいころの目が出る確率は，シミュレーション回数を増やすほど右下の図のように $\frac{1}{6}$（約 0.167）へ近付く。

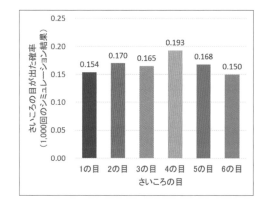

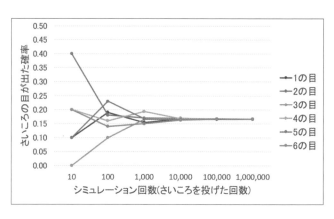

1 次の(1)〜(6)をモデル化する場合，確定的モデルか確率的モデルのどちらが適切か，下のア，イから選び，記号で答えなさい。

(1) 駐車場における駐車台数の予測 　　　　　　 知 技 思 判 表

(2) ペダルを回す速さと自転車の速度

(3) 出生率／死亡率から推測する人口の推移

(4) スマートフォンのバッテリー容量と稼働時間

(5) 貯水タンクの貯水量と放水可能時間

(6) 文化祭における食品バザーでの売り上げ予測

ア　確定的モデル　　　イ　確率的モデル

1
(1)
(2)
(3)
(4)
(5)
(6)

2 コイン投げのシミュレーションを300回試行し，表が出る確率をグラフにした。このグラフとして正しいと考えられるものには○を，誤っていると考えられるものには×を答えなさい。ただし，いずれのグラフも縦軸が「表が出る確率(0.0 〜 1.0)」，横軸が「コイン投げの試行回数(1〜300)」を表している。 思 判 表

(1)
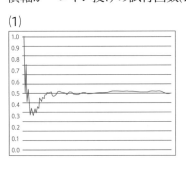

(2)
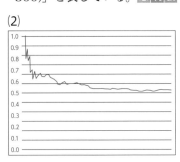

(3)
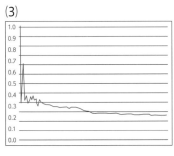

(4)
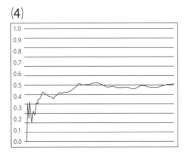

2
(1)
(2)
(3)
(4)

3 コイン投げのシミュレーションは「確定的モデル」と「確率的モデル」のどちらに分類されるか答えなさい。また，コイン投げのシミュレーション結果が，上の 2 のグラフのように同じグラフ形状にならない理由を答えなさい。 思 判 表 主態

3

分類：

理由：

③ データの活用

❶ データの収集

📖 教科書　p.126〜127

SUMMARY

❶ データの尺度水準　　　　　　　　　　　　　　　　　　　　　　　　　　📖 p.126〜127

データは，名前，住所など（①　　　　　　　）情報として得られる（②　　　　　　　）と，身長，体重，時間など（③　　　　　　）情報として得られる（④　　　　　　　　）に分類することができる。また数値化されたデータは，数値の性質によって下表の⑥〜⑨の四つの尺度に分類することができ，これを（⑤　　　　　　　　）という。

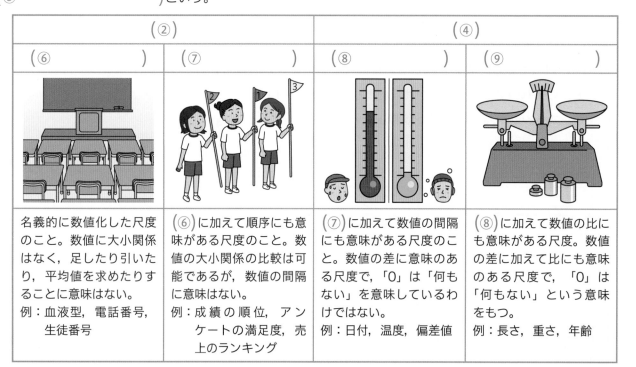

（②　　　　　　　）		（④　　　　　　　）	
（⑥　　　　　　　）	（⑦　　　　　　　）	（⑧　　　　　　　）	（⑨　　　　　　　）
名義的に数値化した尺度のこと。数値に大小関係はなく，足したり引いたり，平均値を求めたりすることに意味はない。 例：血液型，電話番号，生徒番号	（⑥）に加えて順序にも意味がある尺度のこと。数値の大小関係の比較は可能であるが，数値の間隔に意味はない。 例：成績の順位，アンケートの満足度，売上のランキング	（⑦）に加えて数値の間隔にも意味がある尺度のこと。数値の差に意味のある尺度で，「0」は「何もない」を意味しているわけではない。 例：日付，温度，偏差値	（⑧）に加えて数値の比にも意味がある尺度。数値の差に加えて比にも意味のある尺度で，「0」は「何もない」という意味をもつ。 例：長さ，重さ，年齢

❷ ビッグデータ　　　　　　　　　　　　　　　　　　　　　　　　　　　　　📖 p.126

今日，インターネットの普及による SNS の利用者の増加，コンピュータの処理速度の向上によるあらゆる情報の（①　　　　　　　　）化などによって，多様なデータを（②　　　　　　　）上に大量に集めることが可能になった。このように，日々蓄積されていく膨大なデータを（③　　　　　　　）という。

❸ データマイニング　　　　　　　　　　　　　　　　　　　　　　　　　　📖 p.126〜127

ビッグデータなどから有用な情報（パターンやルール）を見つけ出す技術を（①　　　　　　　　　）という。（①）のうち，特にテキストデータを対象としたものを（②　　　　　　　　）という。今日，（①）のように，ビジネスや社会問題などのさまざまな課題を解決するためにデータを分析する（③　　　　　　　）が注目されている。

1 次の(1)〜(6)に示したデータは，質的データか量的データのどちらに分類されるか，下のア，イから選び，記号で答えなさい。

(1) 身長　　　　(2) 血液型　　　　知技 思判表
(3) 時間　　　　(4) 住所
(5) 氏名　　　　(6) 体重
ア 質的データ　　　イ 量的データ

2 次の(1)〜(4)に示したデータは，どの尺度水準に分類されるか，下のア〜エから選び，記号で答えなさい。知技 思判表

(1) 学年(例：1年生，2年生，3年生)
(2) 商品の価格(例：100円，500円，1,000円)
(3) 電話番号(例：090−○○○○−○○○○)
(4) 西暦(例：1900年，2000年，2024年)
ア 名義尺度　イ 順序尺度　ウ 間隔尺度　エ 比例尺度

3 次の(1)〜(4)が示しているビッグデータの活用事例に関して適切な業種を，下のア〜クから選び，記号で答えなさい。思判表

(1) 学力データや模試の結果，学習履歴などをもとに，ビッグデータから最適な進学先を提案する。
(2) ウェアラブルデバイスを使用して患者の状態を監視し，ビッグデータから作成したレポートを送信する。
(3) ビッグデータをもとに来店者数や売り上げの予測を行い，生産者に対する食材の出荷量を調整する。
(4) 口コミや検索キーワードなどをビッグデータから分析し，観光地や宿泊施設の人気度を評価する。
ア 製造　　イ 運輸　　ウ 漁業　　エ 教育
オ 医療　　カ 飲食　　キ 建築　　ク 旅行

4 ネットショッピングのサイトではレコメンダシステム(おすすめ機能)と呼ばれる機能が活用されることが増えている。レコメンダシステムの概要を，下記の語句をすべて用いて説明しなさい。思判表 主態
【語句】
顧客　購買履歴　行動パターン　ビッグデータ　おすすめ商品

1
(1)
(2)
(3)
(4)
(5)
(6)

2
(1)
(2)
(3)
(4)

3
(1)
(2)
(3)
(4)

4

3 データの活用

2 データの分析

📖 教科書　p.128～129

 SUMMARY

1 散布図と相関係数

📖 p.128

　2種類の量的データ間の関係を調べる場合，平面上に各データを点で打った（①　　　　　）(相関図)を用いることが多い。2種類のデータ間において，一方が増えると他方も増える関係を（②　　　　　），一方が増えると他方は減る関係を（③　　　　　），どちらの関係でもない場合を（④　　　　　）または（⑤　　　　　）という。相関の強さを表す指標を（⑥　　　　　）といい，（⑦　　　　　）以上（⑧　　　　　）以下の値を取る。データ間の相関が強いほど（①）の点の分布は直線に近くなり，相関係数は（⑨　　　　　）(正の相関の場合)あるいは（⑩　　　　　）(負の相関の場合)に近付く。

-0.9 ―――― -0.5 ―――― 0 ―――― 0.5 ―――― 0.9

強い（③）　　　弱い（③）　　　（④）または（⑤）　　　弱い（②）　　　強い（②）

2 箱ひげ図と四分位数

📖 p.128

　量的データの散らばりを比較する場合，（①　　　　　）を用いることが多い。データを昇順に並べたとき，全体を四等分する位置にある三つの値を（②　　　　　）といい，$\frac{1}{4}$に位置するデータを（③　　　　　），$\frac{2}{4}$に位置するデータを（④　　　　　）または（⑤　　　　　），$\frac{3}{4}$に位置するデータを（⑥　　　　　）という。ただし，データ数が偶数の場合は，（④）は中央の二つの値の平均値を取る。（③），（⑥）についても同様で，前半のデータ数，後半のデータ数が偶数の場合には，それぞれ中央の二つの値の平均値を取る。（②）と（⑦　　　　　），（⑧　　　　　）を使って，（①）を描く。

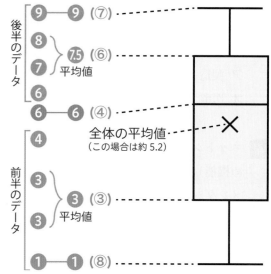

後半のデータ

9 → 9 （⑦）

8
7.5 （⑥）
7
平均値

6

6 → 6 （④）

全体の平均値
(この場合は約 5.2)

前半のデータ

4

3
3 （③）
3
平均値

1 → 1 （⑧）

1 次の(1)〜(6)の散布図における 2 種類のデータ間の関係はどれになるか，下のア〜ウから選び，記号で答えなさい。知技

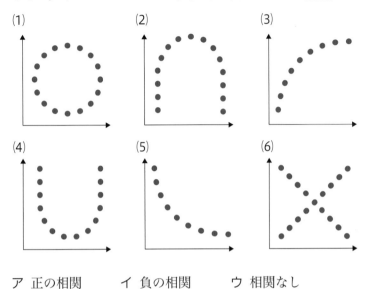

(1)　　　(2)　　　(3)

(4)　　　(5)　　　(6)

ア　正の相関　　　イ　負の相関　　　ウ　相関なし

2 次は生徒 10 人の小テストの結果を昇順に並べたものである。

2　3　3　4　4　5　6　7　7　9

これらの結果を表した箱ひげ図を，下のア〜エから選び，記号で答えなさい。知技　思判表

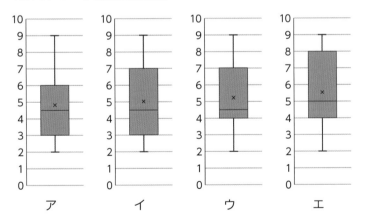

ア　　　イ　　　ウ　　　エ

3 データの分布において，ほかのデータから大きく外れた値を「外れ値」という。ここでデータの分布に対して大きい側の外れ値を「第 3 四分位数に四分位範囲※×1.5 倍を足した値より大きいデータ」と定義する。このとき，上の **2** の小テストで 11 人目の生徒が何点以上であれば外れ値になるか，整数値で答えなさい。知技　思判表

※四分位範囲：第 3 四分位数と第 1 四分位数との差

1
(1)
(2)
(3)
(4)
(5)
(6)

2

3

✔ 章末問題

1 現実世界の現象を「確定的モデル」と「確率的モデル」の二つに分けて考えた場合，どちらのモデルのほうが多いと思うか。また，その理由について話し合ってみよう。 思 判 表 主態　　📖p.116〜117

【多いと思うモデル】	【左で○を付けたモデルのほうが多いと思う理由】
[　　] 確定的モデル [　　] 確率的モデル （※どちらに○を付ける）	

2 次の図は連続する 0 と 1 の信号によって，赤／緑／青のいずれかが点灯するライトの状態遷移図を表している。ライトが赤に点灯している状態で，下の(1)〜(4)の信号を入力したとき，何色に点灯しているか答えなさい。ただし，矢印上の数値が入力信号を表し，(1)〜(4)の信号は左から順に入力するものとする。📖p.118〜119

思 判 表

(1) 001

(2) 1011

(3) 1101110

(4) 001110111

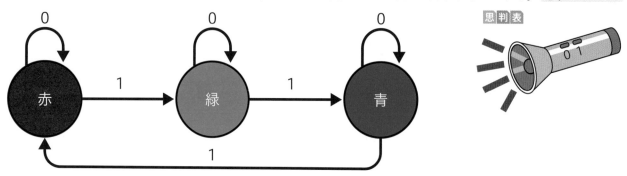

2 解答欄			
(1)	(2)	(3)	(4)

3 現実世界の問題に対し，実際に実験を行うのではなく，シミュレーションを活用して解決を図ることが多い理由を，少なくとも下の語句をすべて用いて説明しなさい。 思 判 表 主態　　📖p.120〜121

【語句】　コスト　時間　危険　モデル化　シミュレーション

【理由】

4️⃣ ここに正四面体，正六面体，正八面体，正十二面体，正二十面体のさいころがあり，それぞれさいころの各面には 1，2，3，… と数字が描かれている。次のグラフに示したア〜オは，上記の五つのさいころをそれぞれ 1,000 回振ったとき，1 が出た割合(確率)の推移を表したものである。このうち正十二面体の結果である可能性が最も高いグラフを，ア〜オから一つ選び，記号で答えなさい。思 判 表　　📖 p.122〜125

📖 p.122〜125

4️⃣ 解答欄

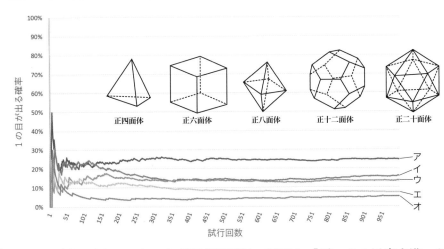

5️⃣ 次の(1)〜(3)に示すアンケート項目(選択肢)の適切な「データの尺度水準」を，下のア，イから選び，記号で答えなさい。知 技 思 判 表　　📖 p.126〜127

(1) 1 A 型　　2 B 型　　3 O 型　　4 AB 型

(2) 1 好き　　2 普通　　3 嫌い

(3) 1 徒歩　　2 自転車　　3 車　　4 電車　　5 その他

ア 名義尺度　　イ 順序尺度

5️⃣ 解答欄
(1)
(2)
(3)

6️⃣ 次の A くんと B さんの「データの分析」に関する会話において，会話内の空欄①〜④にあてはまる適切な語句または値を答えなさい。知 技 思 判 表　　📖 p.128〜129

A くん：授業でデータの分析手法について学習したんだけど，「平均値」と「中央値」を使い分ける場面がイメージできないんだ。

B さん：例えば，ここに 100 人の村があったとして，全員の銀行への預金額について調査したところ，1 人が 1 億円，残り 99 人が 0 円だったとするよ。このとき村全体の預金額の(①)は(②)円になるわ。

A くん：確かに，99% もの人がまったく銀行に預金していないのに，これだと村の全員が(②)円ぐらい預金していると思ってしまうよ。これでは村全体の実情を的確に表しているとはいえないね。

B さん：データの一部に極端な値がある場合には，(①)ではなく(③)を使うといいよ。村全体の預金額の(③)は(④)円になるから，(①)を使った場合よりも村全体の実情を的確に表しているといえるよね。

A くん：なるほど。状況によって適切に使い分けないと，間違った印象を相手に与えてしまうんだね。

6️⃣ 解答欄
①
②
③
④

1 ネットワークの仕組み

■ 1 ネットワークの構成とプロトコル

📖 教科書　p.142〜143

✳ SUMMARY

1　ネットワークとインターネット　　　　　　　　　　　　　　　　📖 p.142〜143

コンピュータや情報端末どうしを網（あみ）の目状などに結んだものを（①　　　　　　　　　）という。（①）のうち，学校や企業など，限られた範囲で情報通信するものを（②　　　　　　　）という。また，離れた場所にある複数の（②）どうしをつないだ広域の（①）を（③　　　　　　　　）という。標準化された約束事にもとづいて，多くの（②）や（③）がつなぎ合わされた世界規模の（①）を（④　　　　　　　　）という。

2　プロトコルとインターネット　　　　　　　　　　　　　　　　📖 p.142〜143

情報機器どうしが通信する際の約束事を（①　　　　　　　　）といい，インターネットで一般的に利用されている（①）の総称を（②　　　　　　　　）という。この（②）は四つの層に分かれている。（②）の階層モデルは，TCP や IP，Web ページの閲覧や電子メールの送受信などを行うためのものなど，さまざまな（①）で構成されている。また，（②）はデータを確実に伝送するための（③　　　　　　　　　）や，最良な伝送経路を選択するための（④　　　　　　　）などの役割をもっている。

3　パケットと経路制御／インターネットのプロトコル（TCP/IP）　　📖 p.142〜143

▼パケットと経路制御

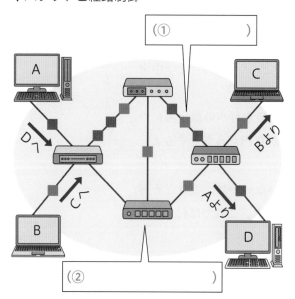

（①　　　　　　　）

（②　　　　　　　　　　）

▼TCP/IPの構成は次の図のようになる。

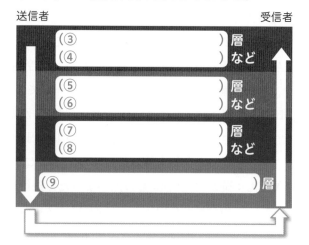

送信者　　　　　　　　　　　　　　　受信者

（③　　　　　　　　　）層
（④　　　　　　　　　）など

（⑤　　　　　　　　　）層
（⑥　　　　　　　　　）など

（⑦　　　　　　　　　）層
（⑧　　　　　　　　　）など

（⑨　　　　　　　　　　　　）層

1 次の図は，ある組織の LAN 配線の例である。①～④の装置の名称を答え，その役割を下のア～エから選びなさい。[知][技]

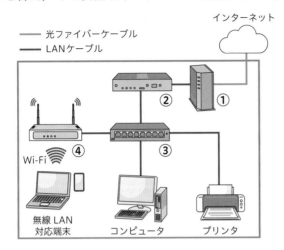

```
インターネット
── 光ファイバーケーブル
── LANケーブル
②  ①
Wi-Fi  ④  ③
無線LAN    コンピュータ   プリンタ
対応端末
```

ア 異なるネットワークどうしを接続する

イ LAN に機器をつなぐ

ウ 光ファイバの信号と LAN の電気信号を相互に変換する

エ 無線通信で通信する

2 次のア～エは TCP/IP について説明したものである。正しいものをすべて選び，記号で答えなさい。[知][技][思][判][表]

ア インターネットで一般に利用されている通信規約で，四つの層に分かれている。

イ このプロトコルはソフトウェアに関する規約であり，情報端末や機器の物理的な形状を定めたものではない。

ウ データを確実に伝送するための制御や，最良な経路を選択するための制御などの役割をもっている。

エ この規約には，通信データの誤りを防ぐ機能はない。

3 次の文章は，インターネットにおけるデータ送信について述べたものである。①～④にあてはまる語句を答えなさい。[知][技]

「コンピュータ A からコンピュータ B にデータを転送する場合，コンピュータ A から送信されるデータは，まず(①)と呼ばれる小さな単位に分けられる。(①)は，データを確実に伝送するための(②)や，最良な(③)を選択するための(④)が行われ，コンピュータ B に届けられる。」

1
① 名称
　役割
② 名称
　役割
③ 名称
　役割
④ 名称
　役割

2

3
①
②
③
④

6章 ネットワークと情報システム

75

1 ネットワークの仕組み

2 インターネットの仕組み

 教科書　p.144〜145

✳ SUMMARY

❶ IPアドレス
📖 p.144〜145

インターネットの住所にあたるものが（①　　　　　　　）と呼ばれる番号である。インターネットに接続されているネットワーク機器は，すべて異なる（①）を使用している。（①）は数字で表されるため，人間にもわかりやすくしたものが（②　　　　　　）である。

（③　　　　　　　　）を閲覧する際は，（②）に通信手段を示すスキーム名などを加えた（④　　　　　　）を使う。

▼ URL の例

（①）と（②）を対応付ける仕組みを（⑨　　　　　　）という。

❷ WebブラウザとWWW
📖 p.144〜145

Web ページは，（①　　　　　　　）という言語で記述され，インターネット上で複数のページが互いに連結している。Web ページは専用の（②　　　　　　）にあり，閲覧者からの要求に応じて配信されて（③　　　　　　　　）で表示される。この仕組みを（④　　　　　　）という。

▼ Web ページの閲覧

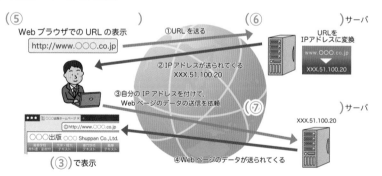

❸ 電子メール
📖 p.144〜145

（①　　　　　　　）は，インターネット上でメッセージをやり取りするサービスのことである。メールの送受信には（②　　　　　　　　）を使い，（③　　　　　　　　　）が連携して中継することで，送信者から受信者にメッセージが届く。

1 次の(1)〜(5)の ドメイン名の組織種別について，最も適切なものを下のア〜カから選び，記号で答えなさい。知技

(1) go　(2) ed　(3) co　(4) ne　(5) ac

ア 非営利法人　イ 政府機関　ウ 大学・研究機関　エ 企業
オ ネットワーク事業者　カ 教育機関(小・中・高等学校)

1

(1)

(2)

(3)

(4)

(5)

2 次の(1)〜(3)はネットワークの装置などの説明である。(1)〜(3)が説明しているものの名称を答えなさい。知技

(1) ネットワークに参加する際に，クライアントにIPアドレスを割り振るサーバ

(2) ドメイン名をIPアドレスに変換するサーバ

(3) Webページを閲覧する際に，処理を依頼する側のこと

2

(1)

(2)

(3)

3 次のア〜オは電子メールについて説明したものである。正しいものをすべて選び，記号で答えなさい。思判表

ア 電子メールは，送信メールサーバと受信メールサーバを経由するが，送信されたメールは，これらのサーバに保存されない。

イ IMAPは，受信メールサーバ上のメールを直接管理できる。

ウ POPは，メールを送信するためのプロトコルである。

エ SMTPは，メールを端末にダウンロードするためのプロトコルである。

オ 送信メールサーバと受信メールサーバの間の通信で使用されるプロトコルは，SMTPである。

3

4 職場や家庭において，DHCPサーバなしでLANを組む場合，ネットワークに参加する端末はどのような点に注意が必要か，正しいものには○，間違っているものには×を記しなさい。

思判表

(1) すべての端末にIPアドレスを設定する必要がある。

(2) 新たにルータや無線LANのアクセスポイントを追加する場合，機器側でIPアドレスを設定する必要はない。

(3) 同一のLAN内ではIPアドレスは重複しないようにする。

4

(1)

(2)

(3)

② 情報システムとサービス

❶ さまざまな情報システム　📖 教科書　p.146〜147
❷ データの流れと情報システム　📖 教科書　p.148〜149

SUMMARY

❶ 情報システムとは　📖 p.146〜147

個人や社会が，それぞれの活動に必要な情報の収集や伝達，利用などを行うためのシステムを
（①　　　　　　　　　）という。SNS や（②　　　　　　　　　　），スマートフォンでの天気の確認，コンビニエンスストアでの（③　　　　　　　）など，私たちの日常は多様な（①）に支えられている。

❷ 提供されるサービスと情報　📖 p.146〜147

情報システムによるサービスでは，利用者が事業者に情報を提供し，事業者が情報を適切に管理・利用することで，より便利で質を高くしているものがある。ただし，趣味に合った商品を提案してもらうために過去の購買記録を提供しなければならないなど，（①　　　　　　　　　）の関係となる。（②　　　　　　　）や（③　　　　　　　　）など，新たな用途が生まれて活用の範囲が大きくなり，ますます情報システムが社会を支える大きな存在となっている。

❸ データの流れと情報システムの例／情報システムとサービスの活用　📖 p.148〜149

私たちの身のまわりには，さまざまな情報システムが存在し，活用されている。情報システムには，コンビニエンスストアに導入されている（①　　　　　　　　　）や食品の（②　　　　　　　　　　）などがある。

情報システムでやり取りされるデータは急増している。データの多くは（③　　　　　　　　）で（④　　　　　　）・（⑤　　　　　）され，有効な活用への期待が高まっている。

このような情報システムは，互いに（⑥　　　　　　）・（⑦　　　　　　）することで，より高度なサービスの提供が可能となる。多くの情報システムは，利用者がインターネットなどを通して，ネットワーク上にあるソフトウェアや記憶媒体などを用いたサービスを利用する（⑧　　　　　　　　　）の形で提供されている。また，「もの」とインターネットをつなぐ（⑨　　　　　　）によって，情報システムの発展が期待される。

▼インターネットで活用できるさまざまな情報システムと提供する情報

ネットショッピング

住所，名前，電話番号，購入履歴　など

オンライン学習

住所，名前，メールアドレス，学習履歴　など

健康管理

バイタルデータ，トレーニング記録，医療記録　など

電子決済

銀行口座，名前，預金残高，振込記録　など

1 次のア〜エの文章のうち, 正しいものをすべて選びなさい。思 判 表

ア クラウドサービスでは, さまざまな情報システムが互いに連携することでより高度なサービスが提供される。

イ 地図データが内蔵されていないスマートフォンでは, GPS 機能を備えていても道案内はできない。

ウ 高精度の GPS を利用することで IoT はさらに発展する。

エ 食品のトレーサビリティのシステムがあると, 流通の途中で商品に不具合が出ても, その回収は的確に行える。

2 次のア〜エの文章のうち, トレードオフの関係になるものをすべて選びなさい。思 判 表

ア 購買履歴を提供し, 趣味にあった商品を提案してもらう。

イ 現在地の位置情報を送ることで, 周辺の店舗情報を得る。

ウ 情報端末で通信することで緊急地震速報の提供を受ける。

エ 懸賞サイトに応募したことで, 興味のない商品広告の電子メールが届く。

3 次の図は POS システムの概要である。次の(1)〜(2)の問いに答えなさい。

(1) ①〜③で伝えられるデータを下のア〜エからすべて選び, 記号で答えなさい。なお, 同じ記号を何度使ってもよい。知 技

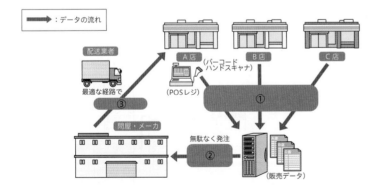

ア 商品の種類　イ 住所　ウ 商品の個数　エ 売上時刻

(2) POS システムの利点を説明した①〜③の文はそれぞれ「問屋・メーカ」「配送業者」「店舗」のどの部署のものであるか答えなさい。知 技

① 無駄な仕入れや, 商品の不足を防ぐ。

② 過剰に生産して不要な在庫を作らなくてよい。

③ 最適な経路とタイミングで商品を運ぶ。

1

2

3
(1)①

②

③

(2)①

②

③

2 情報システムとサービス

❸ データベースとデータモデル

📖 教科書　p.150〜151

✿ SUMMARY

1 データベース

📘 p.150〜151

情報を一定の目的のために，利用しやすい形式で集めて整理したものを（①　　　　　　　）という。コンピュータの（①）では，大量のデータを蓄積するだけでなく，（②　　　　　）や（③　　　　　），（④　　　　　）も容易になっている。

2 データベースの機能

📘 p.150〜151

コンピュータでのデータベースでは，蓄積されたデータを管理するための機能が必要となる。このシステムを（①　　　　　　　）（データベース管理システム）という。データベースでは大量のデータを活用するため，データを（②　　　　　）の形式で整理，蓄積する必要がある。これらのために（③　　　　　　　）されたモデルを（④　　　　　　　　　）という。用途に合わせて最適な（④）を選ぶ必要がある。

3 データ分析と活用

📘 p.150〜151

そのままでは活用範囲が限られるデータを，（①　　　　　　　）して傾向などを調べたり，ほかのデータと（②　　　　　　　）させたりすることで新しい利用法が出てくる。例えば，地域経済分析システム（RESAS）を使った地域情報の（③　　　　　　　）や，ショッピングなどでの（④　　　　　　　　　　）の活用などがある。

4 よく使われるデータモデル

📘 p.151

（①　　　　　　　）型　　　　　　　　　　　（②　　　　　　　　　）型

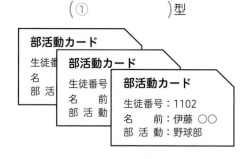

部活動の登録カードのように，データを（③　　　　　　　）まとめて保存する。構造が（④　　　　　　　）なデータベース。

異なる（⑤　　　　　　　）のデータが互いに（⑥　　　　　　　）することで，多様なデータの（⑦　　　　　　　）を表すことができる。業務で一番利用されている。

1 次のア〜エの文は，データベースに関する文章である。間違っているものをすべて選び，記号で答えなさい。思判表

ア データベースでは，活用しやすいように情報が一定の形式で収集・整理されている。

イ データベースには，情報を整理するための最適な構造を自動的に適用する機能があり，これをデータモデルという。

ウ 蓄積されたデータを管理する機能をDBMSという。

エ おすすめ機能とは，利用者の情報を使うことなく，市場のトレンドを分析して関連する情報を表示する機能である。

2 次の(1)〜(5)の文章はDBMSの機能について説明したものである。文中の空欄①〜⑤にあてはまる適切な語句を下のa〜fから選びなさい。また，(1)〜(5)の文章が説明している機能を下のア〜オ から選び，それぞれ記号で答えなさい。知技

(1) 複数のユーザが同時に参照・更新しても(①)が起きない。

(2) データとプログラムを分けることでシステムの(②)を容易にする。

(3) 障害の発生時に，システムや記憶装置の(③)を行う。

(4) ユーザのアクセス権の管理や(④)を行う。

(5) データの(⑤)や不正なデータの登録・変更を防ぐ。

a 認証　b 重複　c 複数　d 保守・更新　e 復旧　f 矛盾

ア 機密保護　　イ データの整合性　　ウ データの共有
エ データとプログラムの独立性　　　オ 障害対策

3 次のア〜エはリレーショナル型とカード型のデータベースを比較した文章である。正しいものをすべて選び，記号で答えなさい。
知技 思判表

ア カード型のほうが一般に構造がシンプルである。

イ 業務で一番利用されるのはカード型である。

ウ リレーショナル型ではデータを互いに連携することが可能。

エ カード型は1件のデータに含まれる各項目に，カードを作成して管理する。

1

2

①	, (1)
②	, (2)
③	, (3)
④	, (4)
⑤	, (5)

3

情報セキュリティ

❶ 情報セキュリティと対策

📖 教科書　p.152 ～ 153

✳ SUMMARY

❶ 情報セキュリティの重要性 📖 p.152 ～ 153

（①　　　　　　　　　）とは，情報の漏洩や改竄，破壊などの不正行為，自然災害，不慮の事故などに対し，技術的，人的，物理的な（②　　　　　　　　）を講じることをいう。（①）は，（③　　　　　　　），（④　　　　　　　），（⑤　　　　　　　）の三つのバランスを考慮しながら対策を講じることが大切である。

▼情報セキュリティの 3 要素

	内容	対策
（③）に関する脅威	不正アクセス （システムへの侵入・破壊）	・（⑥　　　　　　　）の管理 ・（⑦　　　　　　　）の導入　など
	情報漏洩 （無線 LAN の不正傍受）	・無線 LAN の（⑧　　　　　　　） ・（⑨　　　　　　　）の管理　など
（④）に関する脅威	データの改竄	・（⑩　　　　　　　）の導入
	コンピュータウイルス感染	・（⑪　　　　　）の更新　など
（⑤）に関する脅威	自然災害などによる機器障害	・システムの（⑫　　　　　）や （⑬　　　　　　　）
	サービス妨害攻撃 （DDoS 攻撃など）	・（⑭　　　　　　　）の設置　など

❷ 情報セキュリティを確保するための対策 📖 p.152 ～ 153

外部からの不正侵入や情報漏洩などを防ぐための仕組みの一つに（①　　　　　　　　）があり，ソフトウェアやハードウェアで提供されている。

（②　　　　　　　）の侵入や不正なアクセスを検出した場合には，通信を（③　　　　　　）する機能をもっている。

（④　　　　　　　）とは，複数の利用者がコンピュータを共用しているとき，特定の利用者だけがフォルダやファイルなどを利用できるように制限することである。ネットワーク管理者は，利用者に対して適切な（⑤　　　　　　　）を設定することで，関係者以外に読み取りや書き込みをされるリスクを減らすことができる。

▼アクセス制御

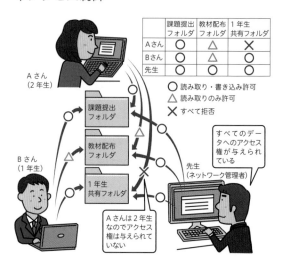

1 次の(1)〜(3)は，情報セキュリティの3要素に対する脅威を示したものである。それぞれが「機密性」「完全性」「可用性」のどれに対する脅威か答え，その対策として最も適切なものを下のア〜ウから選び記号で答えなさい。知 技 思 判 表

(1) 落雷の影響により停電した。

(2) 電子メールの添付ファイルを開くとコンピュータのデータが勝手に消えた。

(3) 無線 LAN アクセスポイントに不明な機器が接続している。

ア 無線 LAN のセキュリティ設定　イ 無停電電源装置の設置
ウ ウイルス対策ソフトウェアの導入

2 下の表は，ある会社で (i) 〜 (iv) の条件に合うようにアクセス権を設定したものである。読み取りと書き込み可能は○，読み取りのみ可能は△，すべて拒否は×で表す。表の①〜⑥に入るものとして適切なものを○，△，×の記号で答えなさい。思 判 表

	社内共有フォルダ	営業のフォルダ	経理のフォルダ	顧客フォルダ
営業の社員	○	(①)	(②)	(③)
経理の社員	○	(④)	(⑤)	(⑥)

(i) 営業の社員と経理の社員は，自分の部署のフォルダと社内共有フォルダについて読み取りと書き込みができる。

(ii) 経理の社員は顧客フォルダ以外は読み取り可能である。

(iii) 営業の社員だけが顧客フォルダに書き込める。

(iv) 経理の社員が営業の社員にデータを渡すには，社内共有フォルダでデータを受け渡しする以外に方法はない。

3 学校や会社で情報セキュリティの機密性を極端に重視したルールを作った場合について，次のア〜エのうち誤っているものをすべて答えなさい。思 判 表

ア データの改竄がなくなるのでバックアップはしなくてよい。
イ 作成したデータを外部から活用しづらくなる。
ウ 機密性が守られているので，OS は更新しなくてよい。
エ 何度もパスワードを要求されて作業効率が下がる。

1

(1) 　　　に関する脅威
対策
(2) 　　　に関する脅威
対策
(3) 　　　に関する脅威
対策

2
① 　
② 　
③ 　
④ 　
⑤ 　
⑥ 　

3

6章 ネットワークと情報システム

③ 情報セキュリティ

❷ 暗号技術

📖 教科書 p.154〜155

 SUMMARY

❶ 暗号化の方法

📘 p.154〜155

　暗号化の方法の一つとして，暗号化と復号に同じ（①　　　　　　）を使用する（②　　　　　　　　　　）がある。この方式は暗号化と復号が高速で行えるという特徴がある一方で，（①）の受け渡しを安全に行うことに問題を抱えている。これを解決するのが（③　　　　　　　　）である。この方式は（④　　　　　　　）と（⑤　　　　　　　）という（①）のペアを使用する。（③）に対応する（⑤）をもっている受信者だけが復号できるため，（②）のように，事前に（①）の受け渡しをする必要がない。しかし，（②）と比較して暗号化と復号に時間がかかるため，（②）と（③）を組み合わせた（⑥　　　　　　　　　　）が多く利用されている。

　（⑥）は，（⑦　　　　　　）を（②）で暗号化し，その（②）の（①）のみを（③）で暗号化している。インターネットの暗号通信でよく利用されている（⑧　　　　　　　　）で使われている。

▼公開鍵暗号方式

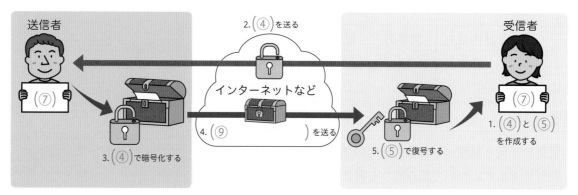

送信者

2.（④）を送る

インターネットなど

4.（⑨　　　　　　　　　　）を送る

3.（④）で暗号化する

受信者

（⑦）

5.（⑤）で復号する

1.（④）と（⑤）
を作成する

❷ デジタル署名

📘 p.154〜155

　送信者が平文をもとに（①　　　　　　　　　　）を作成し，平文に添付して送ることで，受信者はそのデータが送信者本人によって送信されたことと，途中でデータが改竄（かいざん）されていないことが確認できる。（①）の作成と検証には，（②　　　　　　　）を使った暗号技術が用いられている。なお，（②）は誰でも利用できるため，（①）だけではなりすましを防げない。そこで，送信者本人の公開鍵であることを第三者機関である（③　　　　　　）が証明する，認証技術がある。

　（③）は，公開鍵や公開鍵の持ち主の情報などを含んだ（④　　　　　　　　　　）を発行する。

1 次のア～カは共通鍵暗号方式と公開鍵暗号方式について述べた文章である。それぞれの方式に該当するものをすべて選び，記号で答えなさい。思 判 表

ア　鍵の受け渡しを行うときに安全性に問題がある。

イ　暗号化と復号に同じ鍵を使う。

ウ　暗号化と復号に違う鍵を使う。

エ　事前に復号可能な鍵の受け渡しが必要である。

オ　秘密鍵をもっている人だけが復号できる。

カ　この方式のほうが暗号化と復号にかかる時間は少ない。

2 次のア～オは公開鍵暗号方式で行われる処理を示したものである。処理のとき流れが正しくなるよう順番に並べなさい。また，各処理について，送信者が行うものは【送信者】，受信者が行うものは【受信者】に分け，記号で答えなさい。知 技

ア　公開鍵で暗号化する

イ　公開鍵を公開する

ウ　暗号文を送る

エ　公開鍵と秘密鍵を作成する

オ　秘密鍵で復号する

3 次の図は，デジタル署名の仕組みを表したものである。①～⑤に入る適切な語句をア～エから選び，記号で答えなさい。なお，同じ記号を何度使ってもよい。知 技

ア　公開鍵　　イ　秘密鍵　　ウ　要約文　　エ　平文

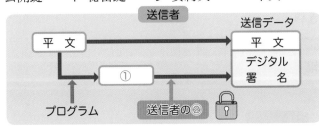

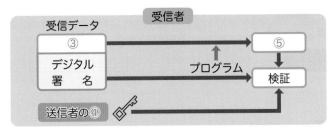

1

共通鍵暗号方式

公開鍵暗号方式

2

　　　→　　　　→　　　　→　　　　→

【送信者】

【受信者】

3

①

②

③

④

⑤

✓ 章末問題

1 次の(1)～(5)のうち正しいものには○を，間違っているものには×を記入しなさい。思 判 表　📖p.142～145

(1) ネットワークに接続する端末に自動的に IP アドレスを割り振る装置を DNS サーバという。

(2) IMAP では，受信メールサーバ内のメールを直接管理できる。

(3) パケットは，ネットワーク上で最良な経路を通って運ばれる。

(4) Web サーバは，URL を IP アドレスに変換する機能をもつ。

(5) クライアント・サーバ方式では，クライアントとサーバは適宜その役割を入れ替える。

1 解答欄

(1)

(2)

(3)

(4)

(5)

2 TCP/IP は四つの層に分かれており，各層における通信規約(プロトコル)が定められている。層ごとにプロトコルを定めることの利点を調べ，まとめなさい。思 判 表 主態　📖p.143

【層ごとになっている利点】

3 次の図は，スマートフォンの GPS 機能を使った道案内システムの仕組みを表したものである。図中の①～④にあてはまるものを下のア～エより選び，記号で答えなさい。また，インターネット上のサーバ群と交信する利点を書きなさい。

知 技 思 判 表 主態　📖p.147

ア　地図のデータ　　イ　位置情報・目的地情報
ウ　目的地までの所要時間　　エ　GPS 信号

3 解答欄

①

②

③

④

利点

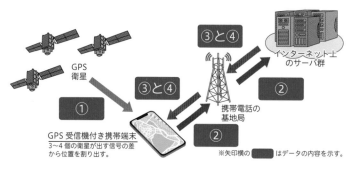

GPS 衛星

③と④

③と④

①

②

②

携帯電話の基地局

インターネット上のサーバ群

GPS 受信機付き携帯端末
3～4 個の衛星が出す信号の差から位置を割り出す。

※矢印横の　　　はデータの内容を示す。

4 次の文はデータベースについて述べたものである。文中の空欄①〜⑤にあてはまる最も適切なものをア〜クから選び，記号で答えなさい。知技　📖 p.151

　（①）はデータを1件ごとにまとめて保存するので，構造が（②）である。（③）は異なる（④）形式のデータが互いに（⑤）することができ，多様なデータの関係を表すことができる。

ア 独立　　イ 複雑　　ウ リレーショナル型　　エ 連携
オ カード型　　カ シンプル　　キ 表　　ク 伝達

📖 p.151

4 解答欄
①
②
③
④
⑤

5 読み取りと書き込み可能は○，読み取りのみ可能は△，すべて拒否は×で表す次の（i）〜（iv）の条件に合うようにアクセス権を設定したい。表の①〜⑥に入るものとして適切なものを○，△，×の記号で答えなさい。思判表　📖 p.153

📖 p.153

	1組の共有フォルダ	教材配布フォルダ	1組の課題提出フォルダ	音楽の共有フォルダ
生徒A	○	△	○	○
生徒B	（①）	（②）	○	（③）
生徒C	（④）	△	（⑤）	（⑥）

(i)　生徒AとBは1組，Cは2組の生徒である。
(ii)　生徒AとCは音楽を選択して音楽のフォルダにアクセスできるが，Bは選択していないのでアクセスできない。
(iii) 1組の共有フォルダと課題提出フォルダに2組の生徒はアクセスできない。
(iv) 教材配布フォルダは1組と2組で共通である。

5 解答欄
①
②
③
④
⑤
⑥

6 次のア〜エは暗号技術についての説明である。ア〜エのうち正しいものをすべて選び，記号で答えなさい。思判表

ア 共通鍵暗号方式では，暗号文と共通鍵を同時に送れば，事前に鍵の受け渡しをせずにすみ，安全である。
イ ハイブリッド暗号方式は，インターネットの暗号化通信でよく利用される SSL/TLS で使われている。
ウ 平文にデジタル署名を付けて送ることで，受信者はデータが送信者本人によって送信され，途中で改竄されてないことが確認できる。
エ 電子メールを送信する際，電子証明書がない公開鍵でも暗号化すれば，途中で改竄される危険性はまったくない。

6 解答欄

アンケートを作成しよう 思 判 表 主態

📖 教科書 p.30 ～ 31

1 調査の目的の明確化

調査の目的	
調査の対象	

➡ 参考 アンケート調査は，現場で直接情報を収集するフィールドワークだけでなく，Web ページを用いて行うこともある。

2 質問したい項目と想定される回答例の考察

質問したい項目	想定される回答例

➡ 参考 調査の目的を達成するために必要な情報をできるだけ多くあげておこう。

3 アンケート用紙の作成

タイトル「　　　　　　　　　　　　　　　　　　　」

名前（　　　　　　　　　）

問 1（質問文）

（回答形式）

➡ 参考 個人を特定する必要がない場合は，名前の記入欄は省略しよう（余分な個人情報は記入させないようにしよう）。

4 集計しやすい回答形式の工夫

現在の回答形式	数値で回答できる形式

➡ 参考 回答を数値化する方法として，回答を選択肢にするのが一般的である。

5 アンケートの実施

予備調査の結果（気付き）	本調査での変更項目

➡ 参考 Web ページを用いたアンケートであれば，数値回答の集計を容易に行うことができる。

アンケート結果を整理・分析して解決案を検討しよう 知技 思判表 主態 📖 教科書 p.32 〜 33

1 アンケート結果の整理
① 表計算ソフトウェアを使って,「入力表」を作成する。
② 回答を入力する。

2 回答データの集計
① 選択肢の回答数を合計する。

3 集計データのグラフ化
① 回答別の割合を求めるには,「円グラフ」で表現する。
② 回答の数を比較するときは,「棒グラフ」で表現する。

質問	回答の表現形式	グラフの種類
問1	....	(...............)グラフ

4 解決案の考察
① それぞれの質問で,回答数が一番多い項目を整理する。

質問	回答数が一番多い項目	回答数
問1	....	(...............)名

② ①の内容をもとに,食堂の現状と問題点をまとめる。

現状	問題点
ア	

③ ②の問題点の解決案を考える。
◎問題解決の目的：..

ア

➡ 参考 ファイルに共有設定すると,複数の人で同時入力ができる(入力場所を誤ると,入力済のデータが上書きされる場合があるので,注意しよう)。

➡ 参考 計算式の入力時,セル番地(セルの列番号と行番号)を絶対参照などを使って指定すれば,計算式のコピーを容易に行える 📖 p.168 〜 169 。

➡ 参考 解決案を考察する参考資料で利用できるように,回答形式に適したグラフを選択しよう。

➡ 参考 問題点は,なぜそのような現状となったのか,その原因について考えよう。

➡ 参考 問題解決の目的を明確にしたうえで,それが達成できる解決案を考えよう。

➡ 参考 複数の解決案がある場合は,すぐに取り組めるものなど,優先順位をつけて実施しよう(実施後の評価も行う)。

情報のセキュリティを高めよう 知技 思判表 主態

📖 教科書 p.34 〜 35

1 特定されづらいパスワードの設定

① 自分に関係のある文章を作成する。

② 作成した文章をローマ字で表記する。

③ それぞれの単語の頭文字をつなげる。

2 ファイルへのパスワードの設定

① ［名前を付けて保存］ダイアログボックスから［ツール］をクリックし，［全般オプション］を選択する。

② ［全般オプション］ダイアログボックスが表示されるので，任意のパスワードを入力する。

読み取りパスワード	書き込みパスワード

> ➡ 参考 教科書の図はワープロソフトウェアのものであるが，ほかのソフトウェアでも多くの場合，ファイルにパスワードが設定できる(操作方法が異なることがある)。

3 パスワード付きの圧縮ファイル（ZIP形式）への変換

① 変換用ソフトウェアをインストールした後で，対象のファイルを右クリックし，メニューから「圧縮」→「.zip(pass)」を選択する。

② 任意のパスワードを入力し，OKをクリックする。

【Try】ZIPファイルに設定したパスワードが解析できるソフトウェアを使って，解析にかかった時間を計測してみよう。

設定したパスワード	文字の種類	文字数	解析時間

> ➡ 参考 パスワードを必要としない圧縮ファイル(ZIP形式)の作成については，OS搭載の機能で作成することもできる。
>
> ➡ 参考 パスワードを不正に解析する手法の代表的なものに，次の二つがある。
>
> ・「総当たり式」…何らかの規則に従って文字の組み合わせを総当たりで試行する方法。
>
> ・「辞書式」…辞書にある単語などを組み合わせながら試行する方法。

伝わりやすいデータに視覚化しよう 知技 思判表 主態

📖 教科書 p.56 ～ 57

❶ 棒グラフによる視覚化と検討

① 棒グラフを作成する

棒グラフのタイトル	
横軸の項目	
縦軸の項目	

② 作成された棒グラフの検討

棒グラフを見て，よい点・悪い点を書き出して検討してみよう。

よい点	
悪い点	

③ 棒グラフの調整と検討

❶の①を調整（例：最小値の調整，目盛り線の調整など）して得られた棒グラフのよい点・悪い点を書き出して検討してみよう。

よい点	
悪い点	

❷ 円グラフによる視覚化と検討

① 円グラフを作成する（※凡例を四つ以上作成してもよい）

棒グラフのタイトル	
凡例1	
凡例2	
凡例3	
凡例4	

② 作成された円グラフの検討

円グラフを見て，よい点・悪い点を書き出して検討してみよう。

よい点	
悪い点	

③ 円グラフの調整と検討

❷の①を工夫(例：色を変える，3D グラフにする など)して得られた円グラフのよい点・悪い点を書き出して検討してみよう。

よい点	
悪い点	

①表を作成し，グラフにしたいワークシートの範囲をドラッグする。

	A	B
1		生産量(t)
2	A県	60,000
3	B県	57,900
4	C県	51,300

② ［挿入］を選択→ 📊 （棒グラフ）を選択→［集合縦棒］を選択する。

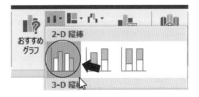

③書式設定の変更を行う。

グラフを選択するとグラフの右上に ➕ が表示され，さまざまな設定ができる。

①表を作成し，グラフにしたいワークシートの範囲をドラッグする。

※❶ ① 参照

② ［挿入］を選択→ 🥧 円グラフを選択→［2D–円］の［円］を選択する。

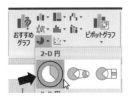

③円グラフに工夫を加える。

グラフを選択→［グラフツール］の［デザイン］の 🎨 で色を変更したり， 📊 からグラフの種類を変更したりする。

スライド資料を制作しよう 知技 思判表 主態

📖 教科書 p.58 〜 59

1 スライド資料の制作

① スライドのデザインを選ぶ

プレゼンテーションのイメージを思い浮かべ，デザインを決めよう。

（例：明るい，楽しい，知的な，まじめな，高級感のある　など）

イメージ

② タイトルスライドを作成する

聞き手をひきつけるタイトルを考えてみよう。

タイトル

③ 新しいスライドを追加する

プレゼンテーションの構成を検討し，スライドのサブタイトルを記入しよう。

スライド①
スライド②
スライド③
スライド④

④ スライドに画像や図形を挿入する。

⑤ スライドに文字を追加する。

2 アニメーションや画面切り替え

① 文字や図形に動きを付ける

どのような文字や図形に動きを付けるとよいか記入しよう。

② スライドの切り替えに動きを付ける

③ 全体構成や動きを確認する。

スライドショーで確認し，発見した改善点を記入しよう。

① ［デザイン］→［テーマ］を設定する。

② ［ホーム］よりフォントやフォントサイズ，色などを変更できる。

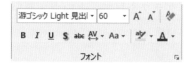

③ ［挿入］→［新しいスライド］からスライドのレイアウトを追加する。

④ ［挿入］→［図形］から図形やテキストボックスを挿入できる。

① ［アニメーション］から図形などの動きを設定する。

② ［画面切り替え］から切り替える際の動きを設定する。

③ キーボード F5 キーを押すと，最初のスライドからスライドショーが実行される。

報告資料を作成しよう 知 技 思 判 表 主態

📖 教科書 p.60〜61

1 報告書の作成

① レイアウトを検討する

報告書の構成を検討し，標題を記入してみよう。

タイトル
標題①
標題②
標題③
標題④

② 文字を入力する

③ 文字の表現を工夫する

工夫できる箇所を探し，記入してみよう。

（例：標題のフォント→ゴシック体，薔薇→ルビをふる）

④ 表を挿入する

表のタイトル，列の項目，行の項目を記入してみよう。

表のタイトル	
行の項目	列の項目

⑤ 写真画像を挿入する

挿入する画像の著作権者を記入してみよう。

⑥ 文章を見直す

文章を見直し，改善点を記入してみよう。

② ［ホーム］の［段落］から「中央揃え」，「右揃え」，「左揃え」の設定を行う。

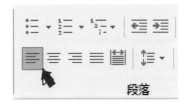

③ ［ホーム］の［フォント］から，フォントや，フォントサイズを変えたり，ルビなどの装飾を施したりできる。

④ ［挿入］→［表］より，必要な行数と列数を選択して表を挿入する。

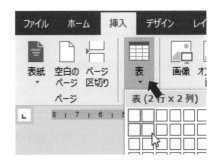

⑤ ［挿入］→［画像］より，画像を挿入する。

図形をデジタル化して送信しよう 知技 主態

1 手書きの文字やイラストのデジタル化

(1)文字や図形を描く。

(2)色が塗られているマス
を黒で塗りつぶす。

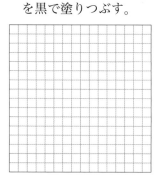

(3)マスの左から右，上の行から下
の行へと数値を一列に並べる。

2 数値化した文字や図形の圧縮

「エ」という文字を右のように 16×
16 ビットの中に描く。白の部分を 0，
赤の部分を 1 として，教科書 p.85 の
約束にしたがって 1 行ごとに圧縮す
ると，データは何ビットになるだろう
か。また，圧縮率を考えてみよう。

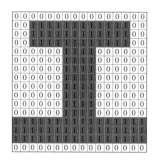

データのビット数

圧縮率

【Try】 右に 90 度回転すると，圧縮率が変わる。計算してみよう。

(1)教科書の例「た」

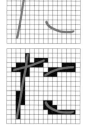

(2)ペンで色がだいたい半
分以上塗られているマ
スを黒で塗りつぶす。

(3)黒いマスを 1，白いマ
スを 0 とする。

教科書 p.85 の約束

・最初のビット：白で始まる場合は 0，
赤で始まる場合は 1 とする。

・次の 4 ビット：白または赤が続く個
数を表す。ただし，4 ビットでは 10
進数の 0 から 15 までしか表現でき
ないため「個数−1」として表現する。

・1 行が終わったら改行する。

○白が 16 ビット続く「0 1111」
○赤が 16 ビット続く「1 1111」
○最初白，白 2，赤 12，白 2 と続く
「0」 $1_{(10)}$ $11_{(10)}$ $1_{(10)}$
→ 「0 0001 1011 0001」
○最初白，白 6，赤 4，白 6 と続く
「0」 $5_{(10)}$ $3_{(10)}$ $5_{(10)}$
→ 「0 0101 0011 0101」

このように同じ要素が続く数をデータ化
する圧縮の方式は，ランレングス圧縮と
呼ばれている。

アニメーションを作成しよう 知 技 主態

📖 教科書 p.86〜87

1 プレゼンテーションソフトウェアによるアニメーションの体験

(1) 少しずつ変化のある画像を適宜用意し，プレゼンテーションソフトウェアのスライドに並べる。

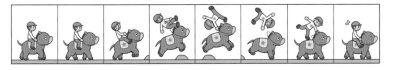

(2) スライドの「自動切り替え」の設定などを行う。

(3) 画面切り替え時間を変え，スライドの見え方を比較しよう。

2 プレゼンテーションソフトウェアによるアニメーションの作成

(1) 10秒〜30秒程度のアニメーションの構想を考え，絵コンテにアイデアを描こう。

シーン	画像	内容	せりふ	メモ	秒

(2) 絵コンテをもとに，スライドを作成し，完成させる。

(1) スライド1枚に一つの画像（例は8枚のスライド）を貼り付ける。

(2) すべてのスライドを選択し，［画面切り替え］の「自動的に切り替え」を0.04秒に設定する。

［スライドショー］の「スライドショーの設定」で「Escキーが押されるまで繰り返す」にチェックを入れる。

絵コンテの記載例

➡ 参考 絵コンテをもとに，1枚目のスライドに，図やイラストを配置する。2枚目以降のスライドは，前のスライドをコピーして図やイラストを少しずつ動かす。動作確認をして，改善すべき部分を考え，スライドを修正する。

実習 9

並べ替えプログラムを作成しよう 知技 主態

教科書 p.108 ～ 109

1 アルゴリズムの検討

バブルソート(昇順の場合)のアルゴリズムを箇条書きで説明しよう(教科書 p.108 の 1 と 2 の説明文を参考に考えよう)。

2 値の入れ替え

下図の【　】内に，2 または 5 を書き込もう。

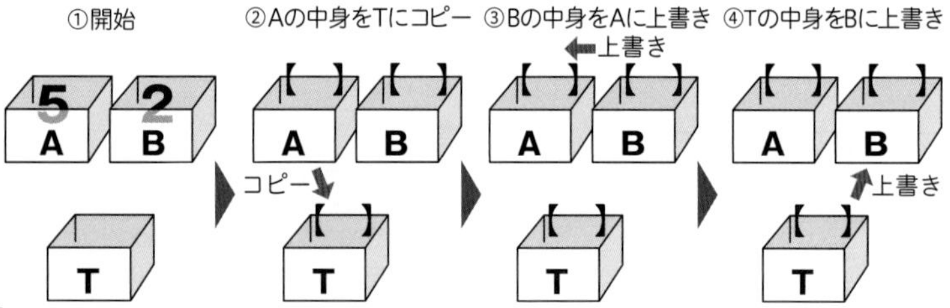
①開始
②Aの中身をTにコピー
③Bの中身をAに上書き
④Tの中身をBに上書き
上書き
コピー
上書き
5
2
A
B
T

3 プログラミング

下のチェックリストの順にプログラミングしてみよう。

※プログラミング作業の区切りや動作確認をするまとまりごとに色を変えている。

✓	作業項目	
	変数「並べ替え範囲」を作成し，4 をセット	A
	変数「数の位置」を作成し，1 をセット	
	変数「一時退避」を作成	
	リスト「リスト」と関数「リストの初期化」を作成	
	先頭部分をクリックし，リストが初期化されるか，動作確認	
	入れ替え操作のプログラムを作成(教科書 p.109 右上)	
	1 廻り分の並べ替えプログラムを作成(教科書 p.108 緑色枠)	B
	動作確認用に A と B を合体させる	C
	「リストの初期化」をクリック後 C をクリックし，動作確認	
	4 廻り分の並べ替えプログラムを作成(教科書 p.108 下全体)	D
	「リストの初期化」をクリック後 D をクリックし，動作確認	
	すべて完成(教科書 p.109 下図)	
	プログラムを実行し，動作確認	

参考 値の入れ替え

バブルソートだけでなく，ほとんどのソートアルゴリズムは，二つの変数の値を入れ替えるという作業の繰り返しで実現される。一時退避用の変数(左図の T)を使って値を入れ替える手順をしっかりと理解しておこう。

参考 動作確認

最後まで一気に作成するのではなく，関数ごと，動作のまとまりごとなど，なるべく小さな単位を対象として動作確認を行いながら作り上げていくことが，最終的には効率のよいプログラミングとなる。

ジャンケンゲームを作成しよう 知技 思判表 主態

教科書 p.110〜111

1 判定の整理

教科書 p.110 の表をもとに，判定ごとの a − b の値を書き出そう。

判定（あなた）	a − b
勝ち	
負け	
あいこ	

2 プログラミング

下のチェックリストの順にプログラミングしてみよう。

※プログラミング作業の区切りや動作確認をするまとまりごとに色を変えている。

✓	作業項目
	変数「あなたの手」を作成
	ユーザ定義関数「あなた」を作成（教科書 p.111 左上）
	テスト用ブロックを作成してクリックし，動作確認 （どれかの▼ キーが押された まで待つ） あなた テスト用ブロック
	変数「コンピュータの手」を作成
	ユーザ定義関数「コンピュータ」を作成（教科書 p.111 右上）
	ユーザ定義関数「コンピュータ」をクリックし，動作確認
	変数「判定」を作成
	リスト「結果」を作成
	ユーザ定義関数「判定」を作成（教科書 p.111 左下）
	テスト用ブロックを作成してクリックし，動作確認 あなたの手▼ を 1 にする コンピュータの手▼ を 2 にする 判定 テスト用ブロック
	呼び出しもと（メイン）のプログラムを作成（教科書 p.111 右下）
	プログラムを実行し，動作確認

参考 ジャンケンの手の出し方の組み合わせは，3 通り×3 通り＝9 通りあるが，実習 10 では a − b の値（−2, −1, 0, 1, 2）で 5 パターンに分類してプログラムを作成した。

一方，(a − b + 3) を 3 で割った余りを使うと，下の表のように 3 パターンで分類でき，より短いプログラムで記述することができる。

判定（あなた）	(a − b + 3)を 3 で割った余り
勝ち	
負け	
あいこ	

このように，プログラムの実装方法は一通りではない。実装方法には一長一短があり，その都度適切な方法を選ぶ必要がある。

目的のアイテムが出る確率を確かめよう 知技 思判表 主態

📖 教科書 p.130〜131

数式モデルと表計算ソフトウェアを使用してシミュレーションを実行し，目的のアイテムが出る確率(小数第二位を四捨五入)を求め，下の表に記録しよう。なお，表の各項目は次を表している。

$$\frac{1}{n}：目的のアイテムの出現確率$$

$$n：アイテムくじを引く回数$$

$$\left(1-\frac{1}{n}\right)^n：アイテムくじを n 回引き，すべて外れる確率$$

$$1-\left(1-\frac{1}{n}\right)^n：アイテムくじを n 回引き，少なくとも 1 回は目的の\\アイテムが出る確率$$

1 数式モデルによるシミュレーション

$\frac{1}{n}$	n	$\left(1-\frac{1}{n}\right)^n$	$1-\left(1-\frac{1}{n}\right)^n$
$\frac{1}{2}$(50.0%)	2	%	%
$\frac{1}{3}$(33.3%)	3	%	%
$\frac{1}{4}$(25.0%)	4	%	%
$\frac{1}{5}$(20.0%)	5	%	%

2 表計算ソフトウェアによるシミュレーション

$\frac{1}{n}$	n	$\left(1-\frac{1}{n}\right)^n$	$1-\left(1-\frac{1}{n}\right)^n$
$\frac{1}{100}$(1.00%)	100	%	%
$\frac{1}{200}$(0.50%)	200	%	%
$\frac{1}{300}$(0.33%)	300	%	%
$\frac{1}{400}$(0.25%)	400	%	%
$\frac{1}{500}$(0.20%)	500	%	%
$\frac{1}{600}$(0.17%)	600	%	%
$\frac{1}{700}$(0.14%)	700	%	%
$\frac{1}{800}$(0.13%)	800	%	%
$\frac{1}{900}$(0.11%)	900	%	%
$\frac{1}{1000}$(0.10%)	1000	%	%

➡ **参考** 表計算ソフトウェアで折れ線グラフを挿入するには，[挿入] タブ→[グラフ] を選択する。下図の赤枠で囲われた範囲が折れ線グラフであり，(a)〜(g)のようにさまざまな種類が用意されている。

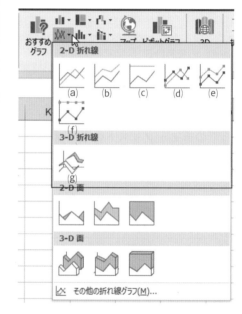

2-D 折れ線

(a) 折れ線

(b) 積み上げ折れ線

(c) 100% 積み上げ折れ線

(d) マーカー付き折れ線

(e) マーカー付き積み上げ折れ線

(f) マーカー付き 100% 積み上げ折れ線

3-D 折れ線

(g) 3-D 折れ線

円の中にいる確率を求めよう 知 技 思 判 表 主態

📖 教科書 p.132〜133

　表計算ソフトウェアとプログラミング言語を使用してシミュレーションを実行し，20 歩目に円の中にいるかどうかについて，下の表に○か×を記録しよう。また 10 回分の結果から，20 歩目に円の中にいる確率を求めよう。

1 表計算ソフトウェアによるシミュレーション

回数	20 歩	30 歩	40 歩	50 歩	100 歩
1					
2					
3					
4					
5					
6					
7					
8					
9					
10					
確率	%	%	%	%	%

2 プログラミング言語によるシミュレーション

回数	20 歩	30 歩	40 歩	50 歩	100 歩
1					
2					
3					
4					
5					
6					
7					
8					
9					
10					
確率	%	%	%	%	%

➡ 参考 表計算ソフトウェアでシミュレーションを複数回実行するには，「数式の再計算」が便利である。下図のように，［数式］タブ→［計算方法］→［再計算実行］を選択するか，あるいは F9 キーを押すことでも再計算が可能である。

➡ 参考 表計算ソフトウェアによるシミュレーションにおいて，下図の A と B は，どちらも 20 歩目に円の中にいた結果(成功の場合)を表している。

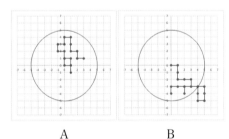

A　　　　　　B

　しかし，A は 20 歩すべてが円の中に入っているが，B は一部が円からはみ出してしまっている。「20 歩すべてが円の中にあること」というような，自分のオリジナルの制約条件を付けると，シミュレーション結果(確率)が変化する。

ノーベル賞受賞者のデータから箱ひげ図を作成しよう 知技 思判表 主態　📖 教科書 p.134〜135

教科書 p.134 を参考に，三つの部門において受賞年齢を降順に記入し，各四分位数を求めるとともに，箱ひげ図を作図しよう。

賞	番号	年齢	四分位数		箱ひげ図
物理学賞	1				90
	2				85
	3		第3		80
	4				75
	5				70
	6		第2		65
	7				60
	8				55
	9		第1		50
	10				45
	11				40
	12				
化学賞	1				80
	2		第3		75
	3				70
	4		第2		65
	5				60
					55
	6		第1		50
	7				45
	8				40
医学・生理学賞	1		第3		80
	2				75
					70
	3		第2		65
					60
	4		第1		55
					50
	5				45

➡ 参考　四分位数の計算方法の違い

(a)包括的な中央値

・中央値を含めて第1四分位数と第3四分位数を計算する場合

第1四分位数　第3四分位数

中央値

(b)排他的な中央値

・中央値を除いて第1四分位数と第3四分位数を計算する場合

第1四分位数　　　第3四分位数

中央値

➡ 参考　箱ひげ図の四分位数の計算方法を変更するには，箱ひげ図の「箱」の部分を右クリックし，［データ系列の書式設定］→［系列のオプション］を選択する。なお，初期設定では，「排他的な中央値」が選択されている。

データ系列の書式設定
系列のオプション
◢ 系列のオプション
要素の間隔(W) ＋―― 100%
☐ 内側のポイントを表示する(N)
☑ 特異ポイントを表示する(O)
☑ 平均マーカーを表示する(M)
☐ 平均線を表示(L)
四分位数計算
○ 包括的な中央値(I)
● 排他的な中央値(E)

データの間違いを探そう 思 判 表 主態

教科書 p.156〜157

1 変化の有無を調べる準備をする【送信者】

　横の並びを見て，黒の球の数が偶数個になるよう，右端に●または○を追記しよう。

> チェック用の球の場所

2 変化の有無を調べる【受信者】

　横の並びを見て黒の球が偶数個なら変化なしとなり「OK」，奇数個なら変化ありで「NG」と記入しよう。

3 変化の有無を調べる準備をする【送信者】

　1と同様に球の横の並びを見て，黒の球が偶数個になるように球を追記する。さらに縦の並びも見て同じルールで球を追記する。

> 横の並びを見て追加
> 縦の並びを見て追加

4 変化の有無を調べる【受信者】

　縦と横の並びを見て，黒が偶数個なら変化なしとなり「OK」，奇数個だったら変化ありで「NG」と記入し，変化した球を確認しよう。

※0は偶数である。

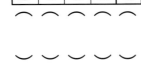

➡ 参考 パリティチェック

ここでは○と●を使いデータの間違いを発見しているが，コンピュータでは0と1で同じことを行っている。これをパリティチェックと呼ぶ。

例えば1の図の例を使うと，次のようになる。

（○を0，●を1に読み直す）

1	0	1	0	0
1	0	0	0	1
1	1	1	0	1

＊1が偶数個あるように数字を追加

この方法は，複雑な計算が必要ないので，短時間で変更の有無を発見できるなどの利点がある。ただし，この場合では1箇所（1ビット）の変化の有無しか判断できない。同時に2箇所（2ビット）以上データが変化すると，判断は不可能になる場合がある。

下の例では，2個の球が変化しているがNGにはならない。

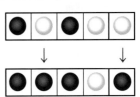

表計算ソフトウェアのデータベースの機能を利用しよう 思判表 主態　　■ 教科書 p.158〜159

① 並べ替え目的と対象の選択

フィルターを使って部活動ごとに学年を降順，組と番号を昇順でデータを並べ替えたい。

下の条件でフィルターを使い，データを並べ替えるとき，並べ替える項目を記入しよう。

【条件】学年を降順，組と番号は昇順で，所属部活動も所属コードの番号で昇順にして並べる。

	操作手順			
	Step1	Step2	Step3	Step4
項目				

② データの抽出

次の順番に，抽出条件を設定し，抽出された人数を調べよう。

順番	項目	抽出条件の設定	人数
1	部活動コード		
2	学年		
3	入部日		

③ データベース関数の利用

セル H22 に関数式「＝ DCOUNTA(A1:I18, G1, G21:G22)」を入力したあと，セル G22 に部活名を入力して数値を確認しよう。

クラブ名	野球部	サッカー部	パソコン部
人数			

④ クロス集計機能

次の目的のためにクロス集計機能を活用し，人数を求めたい。それぞれの場合でクロス集計の列と行の項目を考えよう。

目的	行の項目	列の項目
部活動ごとの学年人数		
日別の部活動別入部人数		

→ 参考　SUBTOTAL 関数

フィルターで抽出後の部員数の合計などを自動で計算するには SUBTOTAL 関数を使うとよい。

① セル G19 に「＝ SUBTOTAL(3, G2: G18)」と入力する。

> 3 を指定すると，文字の入ったセルの数をカウントする。

② 部活名称のフィルターで「野球部」を選択すると，野球部を含む行が抽出される。

> セル G19 に，フィルターで抽出された行の数が自動的に算出される

＊ほかの部活動でも確認してみよう。

SUBTOTAL(集計方法，参照1，…)のおもな集計方法と集計方法の数値

1 …… 平均値を求める

2 …… 数値の個数を求める

3 …… データの個数を求める

4 …… 最大値を求める

5 …… 最小値を求める　など

✔ 総合問題

1 次の記述 a・b の空欄 ア 〜 ク に入れるのに最も適当なものを，下のそれぞれの解答群のうちから一つずつ選べ。

(2016 年／2020 年　情報関係基礎　改)

a　セキュリティに関するある兄弟のやりとり

弟：あれ，メールにファイルが添付されている。ファイル名の ア が zip だから圧縮された書庫ファイルみたいだ。開いてもいいかな。

兄：ちょっと待って。マルウェアなどの悪質なプログラムが含まれているかもしれないよ。ほら，画面に イ ソフトウェアからの警告が出ている。

弟：本当だ。調べたら，コンピュータをロックして使用できない状況にし，もとの状態に戻すために身代金などを要求する ウ を含んでいるね。このメールは削除しよう。

兄：この機会にいろいろなソフトウェアの修正や更新(アップデート)をして エ をなくしておこう。

b　Z 社製のスマートフォンは，小型軽量化した新世代の電池を採用している。Z 社はこの電池に関する技術の オ をもっている。すなわち，Z 社は，この電池に関する技術を カ に使用することができるので，他社は Z 社の許諾なしにはこの技術を使用することができない。なお， オ は キ に申請して認可されることにより与えられる権利であり，その権利は ク 保護される。

このスマートフォンの操作画面は，Z 社が創作した画面デザインとして キ に登録されている。したがって，Z 社は， ケ を所有していることになり，この画面デザインを カ に使用することができる。

1 解答欄	
a	ア
	イ
	ウ
	エ
b	オ
	カ
	キ
	ク
	ケ

─ ア 〜 エ の解答群 ─

⓪ ヘッダ　　① 頭文字　　② ウイルス対策　　③ 拡張子　　④ ユーザ認証
⑤ ファイルサーバ　　⑥ メモリ管理　　⑦ ランサムウェア　　⑧ スパイウェア
⑨ サイバー犯罪　　ⓐ アクセス制御　　ⓑ セキュリティホール　　ⓒ ファイアウォール

─ オ 〜 キ , ケ の解答群 ─

⓪ 総務省　① 特許庁　② 税務署　③ 実用新案権　④ 意匠権　⑤ 登録商標
⑥ 共有的　⑦ 独占的　⑧ 部分的　⑨ 肖像権　ⓐ 商標権　ⓑ 特許権

─ ク の解答群 ─

⓪ 新しい技術が認可されるまで　　① 期間の制限なく　　② 一定の期間
③ 申請者が次の申請をするまで

2　次の記述 a・b の空欄　ア　～　オ　に入れるのに最も適当なものを，下のそれぞれの解答群のうちから一つずつ選べ。

(2016 年／ 2017 年　情報関係基礎　改)

a　レポート作成についてのある姉妹のやりとり

妹：グループ課題のレポートを作成するから，まとめ方を教えて。

姉：まず，グループで集まって自由にアイディアを出し合う　ア　をして，レポートのテーマとまとめる内容について話し合ってはどうかな。

妹：それはもう終わっていて，「スポーツ選手の能力について」をテーマに決めて話し合ったよ。そのあと，たくさんのスポーツ選手と関わりがある大学の先生に直接会って　イ　をして，関連する統計データを頂いたのだけど，分析の仕方がよくわからないの。

姉：レポートでは，どんなことを表現したいの。

妹：例えば，スポーツ選手の身長と跳躍力に関係性があるのかなどを調べてみたいかな。

姉：私なら二つの要素の関係がひと目で見られる　ウ　を使うわね。

妹：ありがとう。だいたいの流れはつかめたから，頑張るね。

姉：あと，統計の分析をするときは，ほかの多数のデータから大きく離れた　エ　の扱いに注意してね。

b　レポート作成についての相談メール

妹が所属するグループのメンバー X が，担任の先生に相談のメールを表 1 のようにアドレスを指定して送信したとする。この場合，妹が受け取ったメールには　オ　のアドレスは含まれない。

2	解答欄
a	ア
	イ
	ウ
	エ
b	オ

表 1　メンバー X によるメール送信でのアドレスの指定

宛先(To)	担任のアドレス
CC	妹のアドレス，メンバー B のアドレス，メンバー C のアドレス
BCC	メンバー A のアドレス

──　ア　～　エ　の解答群 ─────────────────────────

⓪　ブレーンストーミング　　　①　シミュレーション　　　②　ストリーミング

③　散布図(相関図)　　　④　箱ひげ図　　　⑤　レーダーチャート　　　⑥　外れ値　　　⑦　欠損値

⑧　中央値　　　⑨　インタビュー　　　ⓐ　ストーリーテリング　　　ⓑ　テレビ会議

──　オ　の解答群 ───────────────────────────────

⓪　担任　　　①　妹とメンバー B とメンバー C　　　②　メンバー A　　　③　担任とメンバー A

④　妹とメンバー A とメンバー B とメンバー C

3 次の記述aと記述cの空欄 ア 〜 イ , ケ 〜 コ に入れるのに最も適切なものを，下の解答群のうちから一つずつ選べ。また，記述b〜eの ウ 〜 キク , サ 〜 スセ に入る数字を記入せよ（ オカ のような空欄は，2桁の数字が入ることを示す。以下同じ）。　　　　　（2015年　情報関係基礎　改）

a　2進法でそれぞれ10110，110110と表される二つの数を足し，その結果を16進法で表すと，上位桁は ア ，下位桁は イ になる。

b　256で割り切れる正の整数Nを16進法で表し，末尾の1桁を削除してできる数は，この整数Nを2進法で表し，末尾の3桁を削除してできる数の $\dfrac{\boxed{ウ}}{\boxed{エ}}$ 倍となる。

3 解答欄	
ア	イ
ウ	エ
オカ	
キク	
ケ	コ
サシ	
スセ	

c　明るさを3段階（消灯・半灯・全灯）に調整することができる懐中電灯が3本ある。それぞれの懐中電灯に，赤，緑，青のフィルムを取り付け，3色の光を発するようにした。これらの光を組み合わせて混合するといろいろな色を作ることができ，その最大の色数は オカ 色となる。

　　実験をしていると1本の懐中電灯が故障してしまい，半灯の明るさで光ることができなくなった。このとき，混合して作ることができる最大の色数は キク 色となる。

　　さらに実験を重ねていると，故障した1本の懐中電灯がまったく光らなくなってしまった。残りの2本で実験をしていると，混合して作れた色の一つに ケ があった。このことから故障したのは コ 色の懐中電灯であることがわかる。

d　標本化周波数96kHz，量子化ビット数24ビット，ステレオの音楽ファイル形式で記録されている60分間の音楽アルバムをメモリカードへコピーする。32Gバイトのメモリカードにコピーできる最大のアルバム数は サシ 枚である。ただし，1Gバイト＝1024Mバイトとし，圧縮については考えないものとする。

e　複数の文字を別の1文字に置き換えて，文をより少ない文字数で表現する。いま，三つの置き換えのルール［けた→E］，［かけ→A］，［たてか→T］が利用できるとする。このとき，7文字の文「たけたてかけた」は，「たEてAた」「たけTけた」のように5文字や，「たけTE」のように4文字で表現できる。これら三つのルールを利用し，「このたけがきにたけたてかけたのはたけたてかけたかったからたけたてかけたのです」という38文字の文を最小の文字数で表現すると， スセ 文字になる。

┌─ ア 〜 イ の解答群 ─────────────────────
│ ⓪ 0　① 1　② 2　③ 3　④ 4　⑤ 5　⑥ 6　⑦ 7
│ ⑧ 8　⑨ 9　Ⓐ A　Ⓑ B　Ⓒ C　Ⓓ D　Ⓔ E　Ⓕ F
└──────────────────────────────────

┌─ ケ 〜 コ の解答群 ─────────────────────
│ ⓪ 赤　① 緑　② 青　③ 白　④ 黒　⑤ マゼンタ
└──────────────────────────────────

4 あるデジタル時計の数字の表示は，図1のように七つの部分の点灯により表現されている。これら七つの部分が点灯しているか，点灯していないかをビット列としてデータ化することにした。七つの部分は，それぞれが点灯しているときは「1」，点灯していないときは「0」とし，図2に示した順番にビット列とする。このとき，次の記述 a の空欄 ア に入れるのに最も適切なものを，下の解答群のうちから一つ選べ。また，記述 b ～ f の イウエ ～ ケ に入る数字を記入せよ。

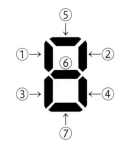

図1　デジタル時計の数字　　　　　　　図2　ビット列にする順番

a　例えば，「3」のビット列は「0101111」と表せられ，「5」のビット列は ア と表される。

┌─ ア 解答群 ──────────────────────────────────
│ ⓪ 0110111　　① 1101010　　② 1001111　　③ 1011111　　④ 1101111
└──

b　もし，これら七つの部分を自由に点灯することができるとすると，表現することができる表示のパターンは 0 ～ 9 の数字とすべて消えているパターンを含めて全部で イウエ 通りになる。

c　時計の「分」の下の桁の数字で，これら七つの部分の点灯する割合が一番多いものは，図2の「ビット列にする順番」で示すと オ 番の部分になる。

d　時計の「分」の上の桁の数字で，これら七つの部分の点灯する割合が一番多いものは，図2の「ビット列にする順番」で示すと カ 番と キ 番の部分になる。ただし，「分」が一桁のときは「0」が表示されるものとする。

e　時計の「分」の下の桁の数字を表す七つの部分のうち，一つが故障して点灯しなくなってしまった。このとき 0 ～ 9 の 10 個の数字のうち，六つの数字は正常に表示された。故障して点灯しなくなったものは，図2の「ビット列にする順番」で示すと ク 番の部分になる。

f　さらに故障が進み，数字を表す七つの部分のうち，もう一つが故障して点灯しなくなってしまった。このとき 0 ～ 9 の 10 個の数字のうち，三つの数字は正常に表示された。故障して点灯しなくなったものは，図2の「ビット列にする順番」で示すと ケ 番の部分になる。

4 解答欄

ア
イウエ
オ
カ
キ
ク
ケ

5 次の会話文を読み，空欄 アイ に入る数字を記入し，空欄 ウ 〜 ケ に入れるのに最も適切なもの
を，それぞれの解答群のうちから一つずつ選べ。

A さん：何してるんだい？　それアンモナイト？

B さん：そうよ。この形，正方形の大きさに規則性があるのよ。規則性があ
るならプログラムで描けると思って試したの。この規則性，わかる？

　　　0, 1, 1, 2, 3, 5, 8, 13, 21, アイ , ……

A さん：難しいなあ。1 + 1 = 2，1 + 2 = 3，2 + 3 = 5，……。あっ，わか
ったぞ！　プログラムが作れそうだ。10 個分表示してみるよ（図 1）。

B さん：やるじゃない。アンモナイトのプログラムも同じ流れよ。関数の形
にして，必要な場面で呼び出して使えるように修正してみましょう
（図 2）。関数の キ である n は，最初の数を 0 番目として何番目
を求めたいかを表す整数にしたわ。例えば，n=7 を指定すると 13 が
得られるの。関数の最後に，変数 result を ク として，求める
値とすれば完成よ。

A さん：じゃあ，その関数を使って僕のプロ
グラムを修正しよう（図 3）。関数に
渡す数は 0 から始めるということも
気を付けないとね。かなりスッキリ
するから何番目かも表示するよ。で
も，「0 番目」と表示されるのは嫌だ
なぁ。最初の数は，やっぱり「1 番
目」にしよう。関数を修正してよ。

B さん：関数を修正しなくても，(04) の i を
ケ に変えればいいじゃない。

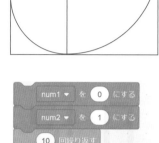

図 1　10 個の数を表示するプログラム

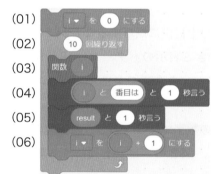

図 3　関数を使ったプログラム

図 2　n 番目の数を求める関数

ウ 〜 オ の解答群

⓪ num1 を num2　　① num2 を num1

② num1 を tmp　　③ num2 を tmp

④ tmp を num2　　⑤ tmp を num1+num2

カ 〜 ケ の解答群

⓪ n　　① n+1　　② n-1

③ 添字　　④ 引数　　⑤ num1

⑥ num2　　⑦ i+1　　⑧ i-1

5 解答欄

アイ	ウ
エ	オ
カ	キ
ク	ケ

教科書 情I 706 準拠

図説 情報I

学習ノート

別冊

目次

実教出版

2 プログラムの基礎

1 簡単なプログラムの作成　　　　　　　　　📖 教科書 p.100〜101
2 プログラムと変数　　　　　　　　　　　　📖 教科書 p.102〜103

✳ SUMMARY

❶ アニメーションのプログラム　　　　　　　　📖 p.100〜101

ある処理の中にもう一つの処理が入っている構造のことを（①　　　　　　）（ネスト）という。

❷ 変数の働き／変数の代入　　　　　　　　　　📖 p.102〜103

プログラムでは（①　　　　　）に値を格納して使うことが多い。（①）を利用するためには名前（（②　　　　　））を付ける。

　（①）に値を格納することを（③　　　　　）という。

　プログラムの欠陥や不具合のことを（④　　　　）といい，この（④）をプログラムから取り除く修正作業のことを（⑤　　　　）という。

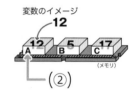

変数のイメージ

PRACTICE

1 代入に「＝」を使うプログラミング言語の場合，(1)〜(3)について示されたすべての行を処理した後，変数Aの値がそれぞれ何になるか答えなさい。

(1) 1行目：A = 1
　　2行目：A = A + 1

(2) 1行目：A = 2
　　2行目：A = A * 3

(3) 1行目：A = 1
　　2行目：A = A + 1
　　3行目：A = 5

1

(1)

(2)

(3)

2 右のプログラムを実行したとき，表示される値を答えなさい。

```
num = 5          #変数numに5を代入
ans = 1          #変数ansに1を代入

while num > 0:   #num>1の間繰り返す
    ans = ans * num   #ans*numをansに代入
    num = num - 1     #num-1をnumに代入

print(ans)       #ansの値を表示
```

2

3 次のプログラムは，入力された本体価格と税率から税込み金額を求めるものである。プログラム作成時に使った変数を下のア～オからすべて選び，記号で答えなさい。

```python
#入力された本体価格をpriceに代入
price = input('本体価格はいくら？')
#入力された消費税率をrateに代入
rate = input('消費税率は何％？')

#税込み金額を表示
print(round(float(price) * (1.0 + float(rate) / 100.0)))
```

ア price　　　イ rate　　　ウ 税込み金額　　　エ 100

オ 1.0

3

4 1から30まで順に数を数えていき，3で割り切れる場合は「Fizz!」，5で割り切れる場合は「Buzz!」，3と5の両方で割り切れる場合は「FizzBuzz!」を数の代わりにいう言葉遊びをプログラムで再現したい。次のプログラム中の①～⑦の部分に入る最も適切なものを下のア～キから選び，記号で答えなさい。

```python
for num in range(1, 31):          #変数numを1から30まで増やしながら繰り返す
    if num % ( ① ) == 0:          #num/( ① )の余りが0の場合
        print('( ② )')            #( ② )と表示
    elif num % ( ③ ) == 0:        #それ以外でnum/( ③ )の余りが0の場合
        print('( ④ )')            #( ④ )と表示
    elif num % ( ⑤ ) == 0:        #それ以外でnum/( ⑤ )の余りが0の場合
        print('( ⑥ )')            # ( ⑥ )と表示
    else:                          #それ以外の場合
        print(( ⑦ ))              #( ⑦ )の値を表示
```

ア 3　　　　　イ 5

ウ 15　　　　エ num

オ Fizz!　　　カ Buzz!

キ FizzBuzz!

4

①	②
③	④
⑤	⑥
⑦	

※③④と⑤⑥は順不同

3 プログラムの応用

 SUMMARY

1 配列とリスト／変数と配列の処理　　　　　　　　　　　　📖 p.104 〜 105

複数の変数をひとかたまりとして，一つの変数のように扱えるようにしたものに（①　　　　　）と
（②　　　　　　）がある。格納されている値の順番をさし示す（③　　　　　）を変えて，値を取り出したり
格納したりする。

比較 ▶ 六つの値の合計を求める処理の流れ（変数「合計」を使用）

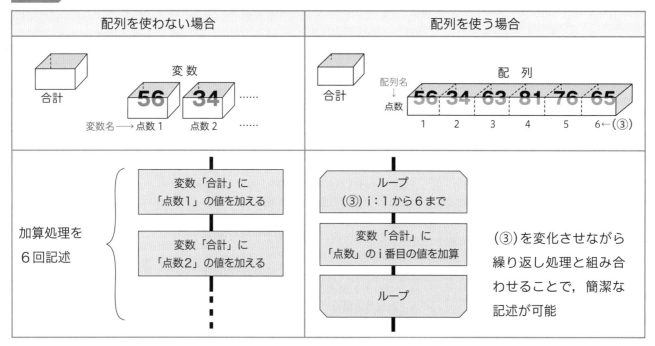

配列を使わない場合	配列を使う場合

2 関数／関数の定義　　　　　　　　　　　　　　　　　　📖 p.106 〜 107

プログラミングにおける（①　　　　　　）とは，一定の処理をまとめたものである。プログラミング言語に
はじめから用意されている（②　　　　　　）と，プログラム
作成者が後から定義する（③　　　　　　）の２種類がある。

AをBで割ったときの余りCを返す関数について考える。この関数
を呼び出すもとのプログラムは，AとBに値を入れて関数に渡す。
このAとBを（④　　　　　　）と呼ぶ。関数側ではAとBから余りCを
求め，もとのプログラムに返す。このCを（⑤　　　　　　）と呼ぶ。

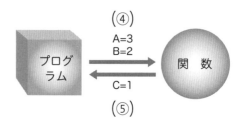

1 右の図は，10クラスの合計人数を変数「合計」に代入して表示するアルゴリズムをフローチャートで表したものである。各クラスの人数は配列「クラス人数」に入っており，この配列の i 番目の値を「クラス人数[i]」と記述する。また，配列の添字 i は0から始まることとして，①～⑤に最も適切なものを下のア～クから選び，記号で答えなさい。なお，記号は複数回使用してよい。

ア 0　　　イ 1　　　ウ 9　　　エ 10

オ 合計　　　　カ クラス人数

キ 合計[i]　　ク クラス人数[i]

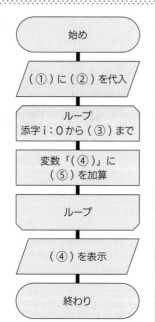

1	
①	
②	
③	
④	
⑤	

Python

2 次のプログラムは，二桁の数を二人がそれぞれ入力し，その和の下一桁の数で有効期間を表すリストarray1，積の下一桁の数で相性を表すリストarray2の添字を決定して相性診断するものである。

(1) ユーザ定義関数の引数名(関数を定義したときに作成した引数名)を答えなさい。

(2) ①～③で示した箇所にあてはまる数を答えなさい。

下一桁の数	添字
0, 1	0
2～4	1
5～9	2

2	
(1)	
(2) ①	②
③	

```
#添字を決定する関数
def judge(number):
    if number % ( ① ) < ( ② ):    #numberを( ① )で割った余りが
                                   ( ② )より小さい場合
        return 0                   #戻り値0を返す
    elif number % ( ① ) < ( ③ ): #それ以外でnumberを( ① )で割った
                                   余りが( ③ )より小さい場合
        return 1                   #戻り値1を返す
    else:                          #それ以外の場合
        return 2                   #戻り値2を返す
#配列に初期値を代入
array1 = ['永久に', '今月は', '今日は']
array2 = ['抜群！！', 'まあまあ', 'ごく普通']
#入力された2桁の数値を変数に代入
num1 = input('あなたの好きな2桁の数は？')
num2 = input('友達の好きな2桁の数は？')
#二つの数の和と積から添字をそれぞれ決定
index1 = judge(int(num1) + int(num2))
index2 = judge(int(num1) * int(num2))
#相性を表示
print('相性は・・・' + array1[index1] + array2[index2])
```

章末問題

1 右の図は，ストップウォッチの表示アルゴリズムのフローチャートである。ただし，分の表示は60分で0分にリセットされることとする。 📖p.98

(1) ①〜⑤に記述する処理を下のア〜オからそれぞれ選び，記号で答えなさい。

ア「秒表示」を0にする

イ「分表示」を0にする

ウ「秒表示」を＋1する

エ「秒表示」が60か？

オ「分表示」が60か？

(2) ②および④から出ている矢印が終点とする直前の処理の番号を書きなさい。例：処理③と④の間→「③」

(3) 毎実行時に0分0秒から開始するにはどうすればよいか答えなさい。

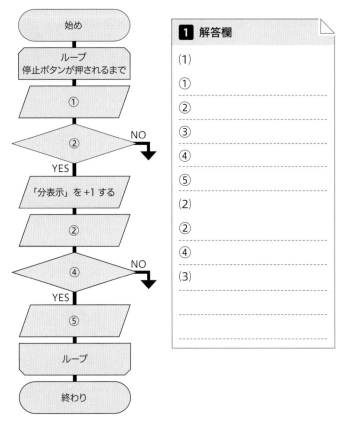

1 解答欄
(1)
①
②
③
④
⑤
(2)
②
④
(3)

2 次のプログラムは，コンピュータが乱数を用いて決めた2桁の整数を当てる数当てゲームのプログラムである。 📖p.102

(1) 変数「flag※」を使い，当たった場合は繰り返し処理から抜けて終了する流れとしたい。①〜③をどこに挿入すればよいか，最も適切なものを，ア〜ウから選び，記号で答えなさい。なお、①に続くすべての行は、4文字分右に字下げされることとする。

※ 1/0, True/False, YES/NOなどの2値(真偽値)を取る変数を，状況変化の判断のために使うことがある。このような使い方をする変数をフラグという。

① if flag == False:

② flag = False

③ flag = True

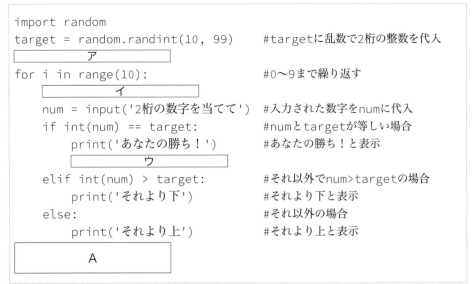

```
import random
target = random.randint(10, 99)      #targetに乱数で2桁の整数を代入
        ア
for i in range(10):                  #0〜9まで繰り返す
        イ
    num = input('2桁の数字を当てて')   #入力された数字をnumに代入
    if int(num) == target:           #numとtargetが等しい場合
        print('あなたの勝ち！')        #あなたの勝ち！と表示
        ウ
    elif int(num) > target:          #それ以外でnum>targetの場合
        print('それより下')           #それより下と表示
    else:                            #それ以外の場合
        print('それより上')           #それより上と表示
        A
```

(2) さらに，10回すべて不正解の場合に「あなたの負け！」というよう改良するため，下のブロックをＡの位置に挿入した。空欄エに入る真偽値は，TrueとFalseのどちらか，答えなさい。

```
if flag == エ :
    print('あなたの負け！')
```

2 解答欄

(1) ①
　　 ②
　　 ③
(2)

3 下の図は，最高気温を求めるアルゴリズムのフローチャートＡと，真夏日(30度以上)・夏日(25度以上)の日数を求めるアルゴリズムのフローチャートＢである。30日間の気温データが配列「気温」に入っており，この配列の i 番目の値を「気温[i]」と記述する。また，配列の添字 i は 0 から始まることとする。📖 p.104

3 解答欄

(1) ①
　　 ②
(2)

(1) ①には数値を，②には不等号(＞または＜)を入れなさい。

(2) ③～⑥にあてはまる数値と変数名の組み合わせとして正しいものをア～エから選び，記号で答えなさい。

ア ③ 25　④ 夏日　⑤ 30　⑥ 真夏日　　　イ ③ 30　④ 真夏日　⑤ 25　⑥ 夏日

ウ ③ 25　④ 真夏日　⑤ 30　⑥ 夏日　　　エ ③ 30　④ 夏日　⑤ 25　⑥ 真夏日

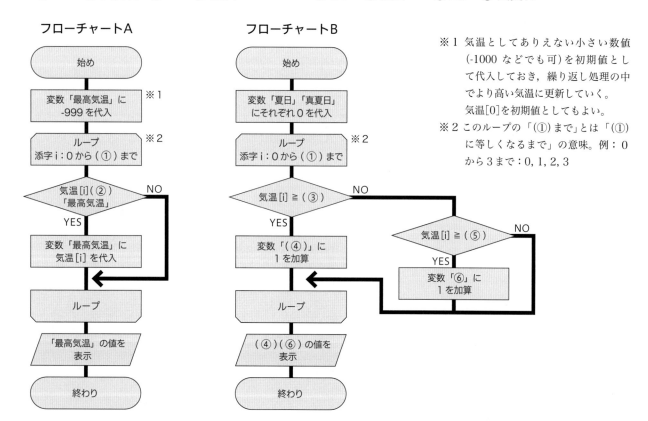

7

2 プログラムの基礎

1 簡単なプログラムの作成　　　　　　　📖 教科書 p.100 〜 101
2 プログラムと変数　　　　　　　　　　📖 教科書 p.102 〜 103

✳ SUMMARY

❶ アニメーションのプログラム　　　　　　　　　📖 p.100 〜 101

ある処理の中にもう一つの処理が入っている構造のことを(①　　　　　　　　　)(ネスト)という。

❷ 変数の働き／変数の代入　　　　　　　　　　　📖 p.102 〜 103

　プログラムでは(①　　　　　　)に値を格納して使うことが多い。(①)を利用するためには名前((②　　　　　　))を付ける。

　(①)に値を格納することを(③　　　　　　)という。

　プログラムの欠陥や不具合のことを(④　　　　　　)といい，この(④)をプログラムから取り除く修正作業のことを(⑤　　　　　　)という。

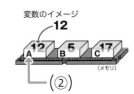

変数のイメージ

PRACTICE

1 代入に「=」を使うプログラミング言語の場合，(1)〜(3)について示されたすべての行を処理した後，変数Aの値がそれぞれ何になるか答えなさい。

(1) 1行目：A = 1
　　2行目：A = A + 1

(2) 1行目：A = 2
　　2行目：A = A * 3

(3) 1行目：A = 1
　　2行目：A = A + 1
　　3行目：A = 5

1
(1)
(2)
(3)

2 右のプログラムを実行したとき，表示される値を答えなさい。

```
Sub Calc()
  Dim num As Integer    '整数型変数numを宣言
  Dim ans As Integer    '整数型変数ansを宣言

  num = 5               '変数numに5を代入
  ans = 1               '変数ansに1を代入

  Do Until num = 1      'num=1になるまで繰り返す
    ans = ans * num     'ans*numをansに代入
    num = num - 1       'num-1をnumに代入
  Loop                  '繰り返しの終了

  MsgBox ans            'ansをメッセージボックスに表示
End Sub
```

2

3 次のプログラムは，入力された本体価格と税率から税込み金額を求めるものである。プログラム作成時に使った変数を下のア〜オからすべて選び，記号で答えなさい。

```
Sub Tax()
  Dim price As Integer       '整数型変数priceを宣言
  Dim rate As Integer        '整数型変数rateを宣言

  '入力された本体価格をpriceに代入
  price = InputBox("本体価格はいくら？")
  '入力された消費税率をrateに代入
  rate = InputBox("消費税率は 何％？")

  '税込み金額をメッセージボックスに表示
  MsgBox Round(price * (1 + rate / 100))
End Sub
```

ア price　　　イ rate　　　ウ 税込み金額　　　エ 100　　　オ 1

4 1から30まで順に数を数えていき，3で割り切れる場合は「Fizz!」，5で割り切れる場合は「Buzz!」，3と5の両方で割り切れる場合は「FizzBuzz!」を数の代わりにいう言葉遊びをプログラムで再現したい。次のプログラム中の①〜⑦の部分に入る最も適切なものを右のア〜キから選び，記号で答えなさい。

```
Sub FizzBuzz()
  Dim num As Integer                  '整数型変数numを宣言
  Dim str As String                   '文字列型変数strを宣言
  For num = 1 To 30                   '変数numを1から30まで増やしながら繰り返す
    If num Mod ( ① ) = 0 Then         'num/( ① )の余りが0の場合
      str = str & "( ② )" & " "       '( ② )を文字列strに追加
    ElseIf num Mod ( ③ ) = 0 Then     'それ以外でnum/( ③ )の余りが0の場合
      str = str & "( ④ )" & " "       '( ④ )を文字列strに追加
    ElseIf num Mod ( ⑤ ) = 0 Then     'それ以外でnum/( ⑤ )の余りが0の場合
      str = str & "( ⑥ )" & " "       '( ⑥ )を文字列strに追加
    Else                              'それ以外の場合
      str = str & ( ⑦ ) & " "         '( ⑦ )を文字列strに追加
    End If
  Next num

  MsgBox str                          '文字列strをメッセージボックスに表示
End Sub
```

ア 3

イ 5

ウ 15

エ num

オ Fizz!

カ Buzz!

キ FizzBuzz!

9

③ プログラムの応用

❶ 配列とリスト 📖 教科書 p.104 〜 105

❷ 関数 📖 教科書 p.106 〜 107

✳ SUMMARY

❶ 配列とリスト／変数と配列の処理 📖 p.104 〜 105

複数の変数をひとかたまりとして，一つの変数のように扱えるようにしたものに（①　　　　　）と（②　　　　　）がある。格納されている値の順番をさし示す（③　　　　　）を変えて，値を取り出したり格納したりする。

比較 ▶ 六つの値の合計を求める処理の流れ（変数「合計」を使用）

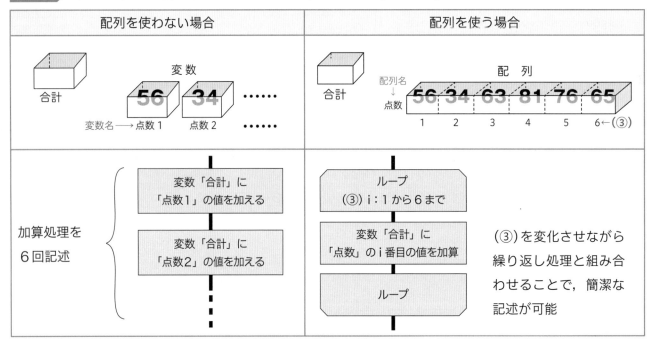

配列を使わない場合	配列を使う場合

❷ 関数／関数の定義 📖 p.106 〜 107

プログラミングにおける（①　　　　　）とは，一定の処理をまとめたものである。プログラミング言語にはじめから用意されている（②　　　　　）と，プログラム作成者が後から定義する（③　　　　　）の2種類がある。

AをBで割ったときの余りCを返す関数について考える。この関数を呼び出すもとのプログラムは，AとBに値を入れて関数に渡す。このAとBを（④　　　　　）と呼ぶ。関数側ではAとBから余りCを求め，もとのプログラムに返す。このCを（⑤　　　　　）と呼ぶ。

1 右の図は，10クラスの合計人数を変数「合計」に代入して表示するアルゴリズムをフローチャートで表したものである。各クラスの人数は配列「クラス人数」に入っており，この配列の i 番目の値を「クラス人数[i]」と記述する。また，配列の添字 i は 0 から始まることとして，①～⑤に最も適切なものを下のア～クから選び，記号で答えなさい。なお，記号は複数回使用してよい。

ア 0 　　イ 1 　　ウ 9 　　エ 10

オ 合計 　　　カ クラス人数

キ 合計[i] 　　ク クラス人数[i]

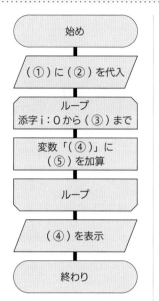

フローチャート:
始め
→（①）に（②）を代入
→ループ 添字i:0から（③）まで
→変数「（④）」に（⑤）を加算
→ループ
→（④）を表示
→終わり

1
① _____
② _____
③ _____
④ _____
⑤ _____

2
(1) _____
(2) ① _____ ② _____
③ _____

2 右のプログラムは，二桁の数を二人がそれぞれ入力し，その和の下一桁の数で有効期間を表す配列array1，積の下一桁の数で相性を表す配列array2の添字を決定して相性診断するものである。

(1) ユーザ定義関数の引数名(関数を定義したときに作成した引数名)を答えなさい。

(2) ①～③で示した箇所にあてはまる数を答えなさい。

下一桁の数	添字
0, 1	0
2～4	1
5～9	2

```
Sub Pal()
    Dim num1 As Integer              '整数型変数num1を宣言
    Dim num2 As Integer              '整数型変数num2を宣言
    Dim array1 As Variant            'Variant型変数array1を宣言
    Dim array2 As Variant            'Variant型変数array2を宣言
    Dim index1 As Integer            '整数型変数index1を宣言
    Dim index2 As Integer            '整数型変数index2を宣言
    '配列に初期値を代入
    array1 = Array("永久に", "今月は", "今日は")
    array2 = Array("抜群！！", "まあまあ", "ごく普通")
    '入力された2桁の数値を変数に代入
    num1 = InputBox("あなたの好きな2桁の数は？")
    num2 = InputBox("友達の好きな2桁の数は？")
    '二つの数の和と積から添字をそれぞれ決定
    index1 = FuncList(num1 + num2)
    index2 = FuncList(num1 * num2)
    '相性を表示
    MsgBox "相性は・・・" & array1(index1) & array2(index2)
End Sub

'添字を決定する関数
Function FuncList(number As Integer) As Integer
    If number Mod (①) < (②) Then      'number÷(①)の余りが(②)より小さい場合
        FuncList = 0                  '戻り値を0にする
    ElseIf number Mod (①) < (③) Then  'number÷(①)の余りが(③)より小さい場合
        FuncList = 1                  '戻り値を1にする
    Else                              'その他の場合
        FuncList = 2                  '戻り値を2にする
    End If
End Function
```

VBA

✓ 章末問題

1 右の図は，ストップウォッチの表示アルゴリズムのフローチャートである。ただし，分の表示は60分で0分にリセットされることとする。 📖 p.98

(1) ①〜⑤に記述する処理を下のア〜オからそれぞれ選び，記号で答えなさい。

ア「秒表示」を0にする
イ「分表示」を0にする
ウ「秒表示」を+1する
エ「秒表示」が60か？
オ「分表示」が60か？

(2) ②および④から出ている矢印が終点とする直前の処理の番号を書きなさい。例：処理③と④の間→「③」

(3) 毎実行時に0分0秒から開始するにはどうすればよいか答えなさい。

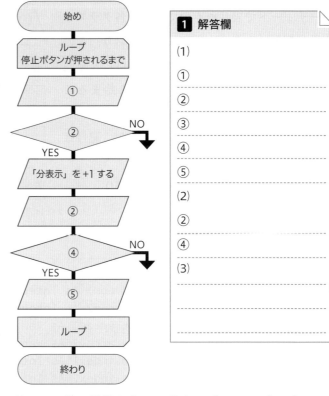

解答欄 1

(1)
① _____
② _____
③ _____
④ _____
⑤ _____
(2)
② _____
④ _____
(3)
_____

---

2 次のプログラムは，コンピュータが乱数を用いて決めた2桁の整数を当てる数当てゲームのプログラムである。 📖 p.102

(1) 当たった場合は繰り返し処理から抜けて終了するため，変数「flag※」を使って改良したい。①〜④をどこに挿入すればよいか，最も適切なものを，ア〜カから選び，記号で答えなさい。

※ 1/0, True/False, YES/NOなどの2値（真偽値）を取る変数を，状況変化の判断のために使うことがある。このような使い方をする変数をフラグという。

① If flag = False Then
　 End If
② Dim flag As Boolean
③ flag = False
④ flag = True

```
Sub HitNum()
   Dim target As Integer        '整数型変数targetを宣言
   Dim num As Integer           '整数型変数numを宣言
A  Dim i As Integer             '整数型変数iを宣言

   Randomize                    '乱数を初期化
B  target = Int(Rnd * 90 + 10)  'targetに2桁の乱数を代入

C  For i = 0 To 9               '0〜9まで繰り返す
D     num = InputBox("2桁の数字を当てて")  '入力数字をnumに代入
E     If num = target Then      'numとtargetが等しい場合
         MsgBox "あなたの勝ち！"  'あなたの勝ち！と表示
F     ElseIf num > target Then  'num>targetの場合
         MsgBox "それより下"      '「それより下」と表示
      Else                      'そのほかの場合
         MsgBox "それより上"      '「それより上」と表示
G     End If
H  Next i
   End Sub
```

ア　CからHの外側を囲む位置　　イ　DからGの外側を囲む位置
ウ　Eの直後　　エ　Aの直後　　オ　Fの直後　　カ　Bの直後

(2) さらに，10回すべて不正解の場合に「あなたの負け！」というように改良したい。下のブロックをどこに挿入すればよいか，最も適切なものを，ア～エから選び，記号で答えなさい。

```
If flag = False Then
    MsgBox "あなたの負け！"
End If
```

ア　Bの直後　　イ　Cの直後
ウ　Gの直後　　エ　Hの直後

2 解答欄

(1) ①
　　②
　　③
　　④
(2)

3 下の図は，最高気温を求めるアルゴリズムのフローチャートAと，真夏日(30度以上)・夏日(25度以上)の日数を求めるアルゴリズムのフローチャートBである。30日間の気温データが配列「気温」に入っており，この配列のi番目の値を「気温[i]」と記述する。また，配列の添字iは0から始まることとする。　📖 p.104

3 解答欄

(1) ①
　　②
(2)

(1) ①には数値を，②には不等号(＞または＜)を入れなさい。

(2) ③～⑥にあてはまる数値と変数名の組み合わせとして正しいものをア～エから選び，記号で答えなさい。

ア　③ 25　④ 夏日　⑤ 30　⑥ 真夏日　　イ　③ 30　④ 真夏日　⑤ 25　⑥ 夏日
ウ　③ 25　④ 真夏日　⑤ 30　⑥ 夏日　　エ　③ 30　④ 夏日　⑤ 25　⑥ 真夏日

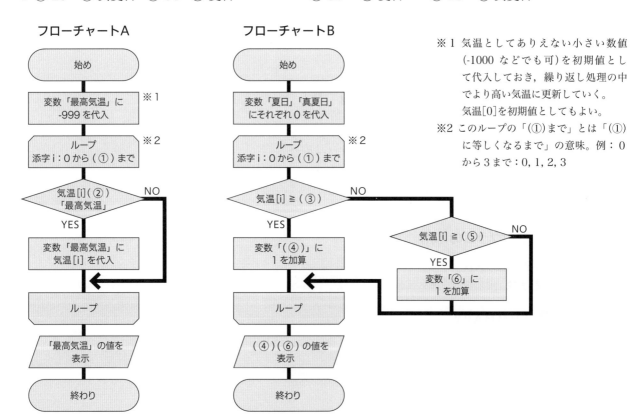

フローチャートA

始め

変数「最高気温」に -999 を代入　※1

ループ
添字i：0から（①）まで　※2

気温[i]（②）「最高気温」　NO

YES

変数「最高気温」に 気温[i] を代入

ループ

「最高気温」の値を 表示

終わり

フローチャートB

始め

変数「夏日」「真夏日」にそれぞれ0を代入

ループ
添字i：0から（①）まで　※2

気温[i] ≧（③）　NO

YES

変数「（④）」に 1を加算

気温[i] ≧（⑤）　NO

YES

変数「（⑥）」に 1を加算

ループ

（④）（⑥）の値を 表示

終わり

※1 気温としてありえない小さい数値 (-1000 などでも可)を初期値として代入しておき，繰り返し処理の中でより高い気温に更新していく。気温[0]を初期値としてもよい。

※2 このループの「（①）まで」とは「（①）に等しくなるまで」の意味。例：0 から3まで：0, 1, 2, 3

4章のプログラミングに関する問題の他言語対応版 解答

■Python

２ プログラムの基礎

１ 簡単なプログラムの作成
２ プログラムと変数　　　　📖別冊 p.2 ～ 3

✳ SUMMARY

別冊p.29参照

PRACTICE

１ 別冊p.29参照

２ 120

（解説）変数「num」は5，「ans」は1が初期値として代入されており，「num」の値が繰り返し1ずつ減らされながら「ans」に掛け合わされ，代入される。プログラムが終了するまでに，1×5×4×3×2×1の計算が行われたことになる。

３ ア，イ

（解説）変数とは，値を入れるための入れ物である。税込み金額は，print関数を使って直接表示しており，変数として扱ってはいない。

４ ①ウ　②キ　③ア　④オ　⑤イ
⑥カ（③イ　④カ　⑤ア　⑥オ）　⑦エ

（解説）割り切れるかどうかは，割った余りが0かどうかで判断する。問のようなFizzBuzz問題は，さまざまなアプローチでプログラムを作成できるため，プログラミングの腕試しとして使われることがある。

３ プログラムの応用

１ 配列とリスト
２ 関数　　　　📖別冊 p.4 ～ 5

✳ SUMMARY

別冊p.30参照

PRACTICE

１ 別冊p.30参照

２ (1) number　(2)① 10　② 2　③ 5

（解説）ユーザ定義関数「judge」に渡す引数の値は，一度目の呼び出しでは二つの数の和，二度目の呼び出しでは二つの数の積となっている。

4章 章末問題　　　　📖別冊 p.6 ～ 7

１ 別冊p.30参照

２ (1)①イ　②ア　③ウ　(2) False

（解説）改良前のプログラムでは，数が当たったかどうかにかかわらず，必ず10回数の入力を促す流れになる。break文を使って繰り返しを中断することもできるが，(1)ではフラグを用いて中断処理を実現している。

３ 別冊p.30参照

■VBA

2 プログラムの基礎

1 簡単なプログラムの作成　　📖別冊 p.8～9
2 プログラムと変数

✳ SUMMARY

別冊p.29参照

1 別冊p.29参照

2 120

（解説）変数「num」は5，「ans」は1が初期値として代入されており，「num」の値が繰り返し1ずつ減らされながら「ans」に掛け合わされ，代入される。プログラムが終了するまでに，1×5×4×3×2×1の計算が行われたことになる。

3 ア，イ

（解説）変数とは，値を入れるための入れ物である。税込み金額は，MsgBox関数を使って直接表示しており，変数として扱ってはいない。

4 ①ウ ②キ ③ア ④オ ⑤イ
⑥カ（③イ ④カ ⑤ア ⑥オ）　⑦エ

（解説）割り切れるかどうかは，割った余りが0かどうかで判断する。問のようなFizzBuzz問題は，さまざまなアプローチでプログラムを作成できるため，プログラミングの腕試しとして使われることがある。

3 プログラムの応用

1 配列とリスト　　　　　　📖別冊 p.10～11
2 関数

✳ SUMMARY

別冊p.30参照

1 別冊p.30参照

2 (1) number　(2)① 10　② 2　③ 5

（解説）ユーザ定義関数「FuncList」に渡す引数の値は，一度目の呼び出しでは二つの数の和，二度目の呼び出しでは二つの数の積となっている。

4章　章末問題　　　　　　📖別冊 p.12～13

1 別冊p.30参照

2 (1)①イ　②エ　③カ(エ)　④ウ　(2)エ

（解説）改良前のプログラムでは，数が当たったかどうかにかかわらず，必ず10回数の入力を促す流れになる。Exit文を使って繰り返しを中断することもできるが，(1)ではフラグを用いて中断処理を実現している。

3 別冊p.30参照

学習ノート　解答・解説

序章｜情報社会と私たち

❶ 情報と情報社会の特徴
❷ 情報化の進展と情報技術　📖 p.2 〜 3
❸ 情報社会における個人の責任

✳ SUMMARY
❶ ① IoT　② もの　③ データ
　④ 人工知能(AI)　⑤ 知識　⑥ 解決
　⑦ 残存　⑧ 複製　⑨ 伝播
❷ ① 情報化　② GPS　③ 位置情報システム
　④ 便利　⑤ 個人情報　⑥ 著作権
　⑦ 架空請求　⑧ 依存
❸ ① 匿名　② 発言　③ 危険性
　④ 発信者　⑤ 受信者　⑥ 取捨選択
　⑦ 信頼性　⑧ 信憑性（⑦，⑧は順不同）

PRACTICE
1 残存性　イ，オ
　複製性　ウ，カ
　伝播性　ア，エ
2 ⑴ キ　⑵ エ　⑶ イ
　⑷ オ　⑸ ア　⑹ ウ
3 （解答例）メリット
　・目的地などの行き方がわかる
　デメリット
　・画像を撮影してSNSに投稿すると，自宅
　　や自分の居場所がわかる
　（解説）位置情報システムのメリットは，こ
　れ以外に，
　・友人との待ち合わせに使える
　・家族が現在どこにいるのか確認できる
　・スマートフォンなどの端末を紛失した際，
　　どこにあるのか確認できる
　などがある。またデメリットは，
　・居場所が特定されることにより，個人情報
　　が漏洩する危険性がある
　などが考えられる。
4 （解答例）メリット
　・募金がしやすい。
　・電話相談がしやすい。
　・ペンネームで出版できる。

デメリット
・誹謗中傷，デマや悪口の書き込みがある。
・不正コピーの配布がしやすい。
・不正アクセスがしやすい。
（解説）匿名のメリットは，電話以外でも悩
みを打ち明けられるなど，相談がしやすいこ
となどがあげられる。デメリットは，特定個
人のプライバシーに関する情報の無断掲載な
どがある。

1章｜情報社会と問題解決

1 問題解決

❶ 問題解決の手順
❷ 情報の収集と整理⑴　📖 p.4 〜 5

✳ SUMMARY
❶ ① 問題解決　② 問題の明確化
　③ 情報の収集　④ 情報の整理・分析
　⑤ 解決案の検討・評価
　⑥ 解決案の実施と反省　⑦ 検証
　⑧ 問題の発見　⑨ 現実　⑩ 理想
　⑪ 問題の構成要素　⑫ 制約条件
❷ ① 収集　② ブレーンストーミング
　③ 検索エンジン　④ フィールドワーク

PRACTICE
1 エ→ア→ウ→イ→オ
　（解説）エは「問題の明確化」，アは「情報の
　収集」，ウは「情報の整理・分析」，イは「解
　決案の検討・評価」，オは「解決案の実施と
　反省」を表している。
2 ⑴ ①　⑵ ②　⑶ ②　⑷ ①
　（解説）フィールドワークなどで直接収集し
　た情報は「一次情報」と呼ばれ，検索エンジ
　ンで収集できる情報は，ほかの人によって伝
　達や編集をされたものが多く，「二次情報」
　と呼ばれている。収集したい情報に応じて収
　集手段を使い分ける必要がある。
3 ⑴ ① AND　⑵ ② AND　③ OR
　⑶ ④ AND　⑤ NOT
　（解説）「AND」・「OR」・「NOT」の入力
　方法は検索エンジンごとで異なるため，検索
　オプションなどで確認しておく必要がある。

4 (1) A (2) A (3) B (4) B (5) A (6) A

(解説) 一次情報は自分たちで情報を収集するため信頼性が高いが，収集できる情報量に限りがある。二次情報は多くの情報が容易に収集できるが，信頼性を検証する必要がある。それぞれトレードオフの関係になっている。

5 ・批判しない　・自由に発言する
　・質より量を重視する

(解説) 他のルールとしては，アイデアを関連させて結び付けるなどがある。ユニークで新しいアイデアを多数生み出すための工夫である。

❷ 情報の収集と分類(2)
❸ 情報の分析　　　　　　📖 p.6 ～ 7

✳ SUMMARY

❶ ① 整理　② 表　③ KJ法
　④ コンセプトマップ

❷ ① 分析　② 表計算ソフトウェア
　③ グラフ　④ 折れ線グラフ
　⑤ 棒グラフ　⑥ 円グラフ
　⑦ レーダーチャート
　⑧ 散布図(相関図)　⑨ 箱ひげ図

PRACTICE

1 ア→オ→ウ→カ→イ→エ

(解説) KJ法はブレーンストーミングで拡散・発散した思考を収束させ，意見をまとめる際に利用されることがある。

2 ① ウ　② ア　③ エ　④ オ　⑤ カ　⑥ イ
　⑦ ケ　⑧ キ　⑨ シ　⑩ サ　⑪ コ　⑫ ク

(解説) グラフを用いることでデータを視覚的に把握することができるが，適切なグラフを選択できていないと情報が正しく伝わらないため，それぞれのグラフの特徴を理解しておくことが大切である。

3 (1) ×　(2) ×　(3) ○　(4) ○

(解説) (1)円グラフ(全体に対する各項目の構成割合を表す)よりも，レーダーチャート(複数のデータ系列を比べる)や棒グラフ(項目間で数量を比べる)などのほうが適切といえる。　(2)散布図(二つの要素の関係を表す)よりも，折れ線グラフ(時間的な推移を表す)や箱ひげ図(データ全体の散らばりや偏りを表

す)などのほうが適切といえる。

❷ 情報社会における法規と制度
❶ 情報の管理と保護　　　　　📖 p.8 ～ 9

✳ SUMMARY

❶ ① 生存　② 個人情報　③ 基本四情報
　④ 個人情報保護法　⑤ 匿名加工情報

❷ ① プライバシー　② プライバシーポリシー
　③ 個人情報　④ 肖像権　⑤ パブリシティ権

PRACTICE

1 氏名，住所，生年月日，性別

(解説) 基本四情報は行政などで個人を特定する場合に使われている。

2 (1) ウ　(2) ア　(3) イ　(4) エ

(解説) 自分の個人情報や顔写真などが他人の手に渡ってしまうと，自分の知らないところで使われるおそれがあるため，取り扱いには十分注意する必要がある。

3 (1) 肖像権　(2) プライバシー
　(3) 基本四情報　(4) パブリシティ権
　(5) プライバシーポリシー　(6) 匿名加工情報

(解説) 個人情報保護法は，個人情報の単純な保護だけでなく，個人情報の活用にも配慮し，匿名加工情報などの仕組みが定められている。

4 肖像権の侵害：ウ
　パブリシティ権の侵害：エ

(解説) 他人の顔や姿などを目的外または勝手に使用してはならない。ウは肖像権，エはパブリシティ権の侵害にあたる。

❷ 知的財産権と産業財産権　　📖 p.10 ～ 11

✳ SUMMARY

❶ ① 知的財産　② 社会　③ 産業財産
　④ 産業　⑤ 特許庁　⑥ 著作　⑦ 文化
　⑧ 著作物　⑨ 写真　⑩ 映画　⑪ 音楽
　⑫ 踊り　⑬ コンピュータプログラム
　⑭ 言語　⑮ 美術

❷ ① 産業財産　② 特許　③ 20　④ 実用新案
　⑤ 10　⑥ 商標　⑦ 10　⑧ 意匠　⑨ 25

PRACTICE

1 (1)× (2)× (3)× (4)○

解説 (1)産業財産権は特許庁に出願して認められた時点で得ることができるが，著作権は著作物が創作または伝達された時点で自動的に発生する。 (2)産業財産権のうち，商標権は，更新登録申請によって，保護期間を何度も更新することができる。 (3)作品が著作物（思想又は感情を創作的に表現したものであって，文芸，学術，美術又は音楽の範囲に属するもの）であれば著作権は発生し，作者の年齢は関係ない。

2 (1)① 著作 ② 実用新案 ③ 商標 ④ 特許 ⑤ 意匠 (2)イ，ウ

(3)② ウ ③ エ ④ ア ⑤ イ

(4)③

解説 商標以外の知的財産については，権利の保護期間終了後は，社会全体の共有財産（パブリックドメイン）として自由に利用することができる。

3 (1)商標権 (2)特許権 (3)実用新案権

(4)意匠権

解説 産業財産権の制度は，新しい技術，新しいデザイン，ネーミングなどについて独占権を与え，模倣防止のために保護し，研究開発への動機付けを与えたり，取引上の信用を維持したりすることによって，産業の発展を図ることを目的にしている。

3 著作権 　　　　　📖p.12〜13

❀ SUMMARY

❶ ① 著作者 ② 生存期間 ③ できない

④ 著作物 ⑤ 死後70年 ⑥ できる

⑦ 著作隣接権 ⑧ 70 ⑨ 50

❷ ① 著作権者 ② 著作権法 ③ 例外的な利用

PRACTICE

1 (1)公表権 (2)同一性保持権 (3)複製権

(4)頒布権 (5)展示権

解説 (1)(2)は著作者人格権で，著作者の生存期間保護される。(3)(4)(5)は著作権（財産権）で，原則，著作者の死後70年間保護される。

2 イ，ウ，カ，キ，ク

解説 著作権（財産権）は一部または全部を他人に譲渡や相続ができるが，著作者人格権は著作者だけに与えられるため，他人への譲渡や相続はできない。

3 (1)ク (2)ア (3)カ (4)サ (5)ウ (6)オ

(7)エ

解説 (2)の行為は著作者人格権（著作者の人格的な利益を保護する権利）に関係している。それ以外の行為は著作権（財産権）（著作物の利用を許諾したり禁止したりする権利）に関係している。

4 イ，オ

解説 著作権法の権利制限規定にある例外的な利用の例として，私的使用のためのコピー，教育機関でのコピー，福祉の目的でのコピー，非営利の上演（要件あり），引用（要件あり）などがある。ただし，著作権者の権利を不当に害さないように，その条件や目的の中で利用しなければならない。

③ 情報セキュリティと個人が行う対策

1 認証とパスワード 　　📖p.14〜15

❀ SUMMARY

❶ ① ユーザID ② パスワード ③ 認証

④ 知識 ⑤ 所有物 ⑥ 生体

⑦ 二要素認証

❷ ① サイバー犯罪 ② 不正アクセス

③ なりすまし ④ 文字列 ⑤ 本人

⑥ ユーザID ⑦ 他人

⑧ ソーシャルエンジニアリング ⑨ 管理者

PRACTICE

1 ① ウ ② ア ③ イ ④ カ ⑤ エ ⑥ オ

⑦ ケ ⑧ ク ⑨ キ

解説 多要素認証とは，知識情報，所有物情報，生体情報の中から二つ以上の要素を使って認証することを指す。パスワードと暗証番号のように，知識情報である二つの方法を用いる認証は多要素認証ではなく，二段階認証などと呼ばれている。知識情報だけでなく，知識情報以外の要素を認証に加えることで，安全性を高めることができる。

2 ア，エ

（解説）イ．他人が推測できるものは避け，本人だけが覚えやすいものを作成する。ウ．文字数が短いものは総当たり攻撃などで解析されやすいため，記憶可能な長いものを作成する。　オ．辞書にある単語などを使って解析されるおそれがあるため，辞書にあるものは使用しない。

3 イ

（解説）イは「なりすまし」と呼ばれる行為で，技術的な手段を用いたサイバー犯罪の一種である。

❷ 情報の暗号化　📖 p.16〜17

✺ SUMMARY

❶ ① 暗号化　② 平文　③ 暗号文
④ 暗号化　⑤ 復号　⑥ 鍵

❷ ① 第三者　② 鍵　③ https

❸ ① 無線LAN　② アクセスポイント
③ WPA3　④ WPA2　⑤ WPA
⑥ WEP

PRACTICE

1 (1)オ　(2)イ　(3)ウ　(4)エ　(5)ア
（解説）暗号文に対応した鍵があれば誰でも平文に復号できるため，鍵を相手に届けるときには注意が必要である。

2 エ
（解説）それぞれの文字をアルファベット順で決まった数だけずらして暗号化を行う方法は「シーザー暗号」と呼ばれ，古代ローマのカエサル（Caesar，シーザーとも呼ばれる）が用いたとされている。

3 (1) ckw　(2) key
（解説）(1) 1 文字目 b の 1 文字後は c，2 文字目 i の 2 文字後は k，3 文字目 t の 3 文字後は w となる。(2) 1 文字目 l の 1 文字前は k，2 文字目 g の 2 文字前は e，3 文字目 b の 3 文字前は y となる。

4
・Webブラウザのアドレス欄などに鍵のマークが表示されている
・Webページのアドレスが「https://」で始まっている
（解説）Webブラウザの種類によっては，鍵のマークの位置が異なっていたり，「https://

（http://）」の部分が非表示になっていたりするので，注意が必要である。

❸ コンピュータウイルスと対策　📖 p.18〜19

✺ SUMMARY

❶ ① コンピュータウイルス（ウイルス）
② 自己伝染　③ 潜伏　④ 発病
⑤ ウイルス対策ソフトウェア
⑥ ウイルス定義ファイル　⑦ アップデート
⑧ バックアップ　⑨ ネットワーク
⑩ ネットワーク管理者

❷ ① マルウェア　② トロイの木馬
③ ワーム　④ ランサムウェア

PRACTICE

1 (1)○　(2)×　(3)○　(4)×
（解説）(2)ウイルスに感染したコンピュータは，何も操作していなくても，その裏側でネットワークを通じて感染を広げてしまうおそれがあるため，感染が判明した時点でネットワークから切り離すことが大切である。　(4)ウイルスはネットワークだけでなく，コンピュータに接続するUSBメモリなど外部の記録メディアを通じて感染を広げる場合がある。

2 イ
（解説）ア．添付ファイルを開く前にウイルスチェックを行う必要がある。　ウ．ウイルスはメールソフトウェアだけでなく，OSやほかのアプリにも感染するおそれがあるため，すべてのソフトウェアを最新の状態に保つ必要がある。　エ．ウイルスはパソコンに接続する外部の記録メディアを通じて感染する場合があるため，ウイルス対策ソフトウェアをインストールしたうえで，更新を行って最新の状態にしておく必要がある。

3 ウ
（解説）ア．購入時に付属しているソフトウェアには，有効期限が設定されている場合があるため，有効期限が切れていないか確認しておくことが大切である。　イ．ソフトウェアの欠陥など，自分が意図せずウイルスに感染してしまう場合があるため，ウイルス対策ソフトウェアをあらかじめ導入しておくことが大切である。　エ．ウイルスチェック

時以外でもウイルスに感染する場合があるため，ウイルス対策ソフトウェアをパソコンに常駐させておくことが大切である。

4 ・Webページの閲覧
・USBメモリの利用　など

（解説）ほかの感染源としては，電子メールの開封，ソフトウェアの欠陥などがある。ウイルスに感染するリスクを考えながらコンピュータを使っていくことが大切である。

章末問題　　　　📖p.20〜21

1 (1)イ　(2)① OR検索　② AND検索

（解説）適切なキーワードを組み合わせたうえでAND検索やOR検索などを活用することにより，的を絞った情報や，より広範囲の情報を探し出すことができる。

2 【選択式だけにしたときの問題点】（解答例）「はい」または「いいえ」などで回答できる質問については，選択式でも問題ないが，さまざまな回答が予想される質問を選択式で行う場合は，すべての場合を書き出すだけで膨大な選択肢が必要となる。もし，少数の選択肢しか準備していなければ，その選択肢以外の人は，回答できないおそれがある。
【自由記述形式だけにしたときの問題点】（解答例）自由記述形式のみにした場合，統計処理を行うことが難しく，データの傾向を読み切れない場合がある。また，グラフ化することも難しく，データを直感的に把握することも難しい。データの集計・処理についても選択式より労力がかかる。

（解説）アンケートを作成するときは，収集したい情報がうまく引き出せるような質問文を考え，次に，質問から想定される回答例を洗い出したうえで，回答の種類が限定できそうなものであれば選択式，限定できそうにないものであれば自由記述形式にするのが一般的である。アンケート後の分析方法などにも，選択式，自由記述形式それぞれにメリット，デメリットがあるため，しっかり吟味したうえで回答形式を決める必要がある。

3 (1)グラフ　折れ線グラフ　横軸　月日　縦軸　最高気温　(2)グラフ　散布図（相関図）

横軸　最高気温　縦軸　商品Aの売り上げ数　(3)商品A

（解説）散布図（相関図）で二つの要素の関係を表したとき，それぞれの点の集合が右上がり・右下がりになっている場合は，二つの要素に正の相関関係・負の相関関係があることを示している。また，それぞれの点がばらばらの位置にある場合は，二つの要素に相関関係がないといえる。

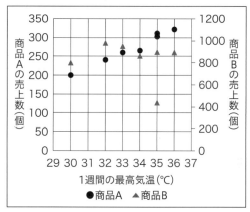

4 (1)ウ　(2)ア，イ　(3)イ　(4)エ

（解説）(1)著作者人格権にある同一性保持権に該当する。　(2)撮影内容を当初の目的以外で使用する場合には，肖像権をもつ人たちに再度許諾を取る必要がある。　(3)名前が記載されていなくても，いくつか組み合わせることで個人が特定できる情報があれば，それは個人情報となる。　(4)著作権（財産権）にある複製権に該当する。

5 (1)70年　(2)パブリシティ権　(3)公表権
(4)著作物が創作または伝達された　(5)肖像権

（解説）著作権などの権利があるものを使用する場合には，権利の保有者に許諾を取り，場合によっては使用料を支払わなければならない。もし勝手に使用した場合には，損害賠償などの請求を受けることがある。

6 (1)◯　(2)◯　(3)×　(4)×　(5)◯　(6)×

（解説）(3)ウイルス対策ソフトウェアを導入するだけでなく，ウイルス定義ファイルを最新のものに更新したり，アプリやOSを最新の状態にアップデートしたりするなどの対策を行うことが大切である。　(4)アップデートでなく，正しくはバックアップである。　(6)生年月日や電話番号は他人が推測できるものなので，パスワードには不向きである。

2章 コミュニケーションと情報デザイン

1 メディア

1 メディアの機能と特性 　　　　📖 p.22 ～ 23
2 メディアリテラシー

✴ SUMMARY

❶ ① メディア　② 長く　③ 多く
　④ マスメディア
❷ ① 情報メディア　② 表現メディア
　③ 伝達メディア
❸ ① 読み解く　② 情報を扱う　③ 情報発信
　④ メディアリテラシー　⑤ クロスチェック
　⑥ 信憑性　⑦ すべて　⑧ 高い

PRACTICE

1 (1) イ, カ, ケ, コ, ス, セ
　(2) ア, オ, キ, サ
　(3) ウ, エ, ク, シ, ソ　　　　※順不同
2 (解答例) インターネットはテレビより双方
　向性に優れ, 受信者側からニュースに対する
　意見などを発信することができる。
　(解説) インターネットでは, ニュースに対
　して評価を付けたり, SNSで自分の意見を添
　えて投稿したりすることができる。
3 ア, ウ, オ, カ　　　　　　　　※順不同
　(解説) インターネット上では, さまざまな
　人が情報発信できるため, 得た情報が信憑性
　の高いものか注意が必要である。
4 (解答例) 間違った情報を元に行動を起こし
　てしまう可能性があるため, トラブルに巻き
　込まれる場合がある。
　(解説) 信憑性の高い情報を元に行動しない
　と, 正しい判断ができず, 誤った行動を引き
　起こす可能性が高くなる。
5 (解答例) メリット
　・お店が利用者の生の声を聞ける
　・すでに利用した人の声が聞けるため, 新た
　　に利用する際の公平な判断に役立つ
　デメリット
　・誤った情報が書き込まれることがある
　・評判が悪くなると, 店舗の売り上げに影響
　　を及ぼす可能性がある
　(解説) 口コミは, さまざまなインターネッ

トサービスで活用されている。外食に特化し
た口コミや, ネットショップの商品や販売者
の口コミなどが存在する。
解答例以外のメリットは,
・最新の情報を得られることが多い
・広告費がかからないことが多い
・店舗側がWebページなどを作成しなくて
　も, 店舗の情報を掲載することができる
などがあげられ, デメリットは,
・お金をもらってよい口コミ, もしくは悪い
　口コミを書き込んでいる可能性がある
などがあげられる。

2 コミュニケーション

1 効果的なコミュニケーション　　📖 p.24 ～ 25
2 インターネット上のコミュニケーション

✴ SUMMARY

❶ ① コミュニケーション　② 同期性
　③ 個別型　④ マスコミ型　⑤ 逆マスコミ型
　⑥ 会議型　⑦ 直接コミュニケーション
　⑧ 同期　⑨ 非同期
❷ ① リアルタイム　② 即時性　③ 利便性
　④ 匿名　⑤ SNS　⑥ ソーシャルメディア

PRACTICE

1 (1) イ　(2) エ　(3) ア　(4) ウ
2 直接コミュニケーション
　　　　　　　　ウ, エ, カ
　間接コミュニケーション(同期)
　　　　　　　　イ, ウ, エ, オ
　間接コミュニケーション(非同期)
　　　　　　　　ア, イ, オ　　　※順不同
　(解説) それぞれのコミュニケーションには
　特徴があるため, 状況によりどのようなコ
　ミュニケーションが適切か考えて選択する。
3 イ, ウ　　　　　　　　　　　　※順不同
　(解説) SNSを使用する際には, 世界中に対
　して発信し, 一度発信したものは消すことが
　難しいという認識をもって使う。
4 (1) BCC　(2) CC　(3) 宛先(To)
　(解説) CCはCarbon Copy, BCCはBlind
　Carbon Copyの略である。

3 情報デザインと表現の工夫

1 情報デザインの考え方
2 情報デザインの工夫　　　　📖 p.26 〜 27

❄ SUMMARY

❶ ① 情報デザイン　② ユニバーサルデザイン
③ アクセシビリティ　④ 色相　⑤ 色相環
⑥ ピクトグラム　⑦ 明度　⑧ 彩度
⑨ 暖色　⑩ 寒色
❷ ① 目的　② 対象　③ レイアウト
④ トリミング　⑤ インフォグラフィックス

PRACTICE

1　ウ
（解説）誰もが使いやすいように設計された
製品などのデザインをユニバーサルデザイン
という。

2　(1) エ　(2) ア
（解説）色相環で向かい合った色同士のこと
を補色という。

3　ゴシック体の優れる点：ゴシック体は，明朝
体より視認性に優れる。
ゴシック体を使用する場面：プレゼンテー
ションのスライド資料，看板など
（解説）ゴシック体は視認性に優れるため，
目立たせたい場合や，遠くから見る可能性が
ある場合に有効なフォントである。

4　イ
（解説）一般的にピクトグラムでは，絵で意
味を伝えるため，文字は少ない場合が多い。

5　（解答例）
・文字や数値のみで示すより情報をわかりや
　すく伝えやすい
・人目をひきつけることができる
（解説）インフォグラフィックスとは，デー
タや知識を視覚的に表現したものである。解
答例以外では，
・直感的に情報を理解しやすくなる
・図形やイラスト，数字で表現されることが
　多いため，言語が通じなくても伝わりやす
　いことが多い
などがあげられる。

4 コンテンツの制作

1 コンテンツ設計
2 スライド制作と発表　　　　📖 p.28 〜 29

❄ SUMMARY

❶ ① プレゼンテーション　② コンテンツ
③ スライド　④ プランニングシート
⑤ 頭括式　⑥ 尾括式　⑦ 双括式
⑧ 設定　⑨ 条件　⑩ 構成　⑪ 表現
❷ ① ひな形(テンプレート)　② リハーサル
③ ノンバーバルコミュニケーション
④ 質疑応答　⑤ フィードバックシート

PRACTICE

1　(1) 論法：イ　　　場面：オ
(2) 論法：ウ　　　場面：エ
(3) 論法：ア　　　場面：カ
（解説）論法は，伝える場面によって変えるこ
とで，効果的に情報を伝えることができる。

2　手順①：エ　手順②：イ　手順③：ウ
手順④：ア

3　ア，エ　　　　　　　　　　　　※順不同
（解説）見やすいスライドの例
・文字が大きい　・文字数が少なく，簡潔
・グラフや写真などで視覚的に示す
・見やすい配色を選ぶ　など

2章　章末問題　　　　📖 p.30 〜 31

1　（解答例）対面による会話
メリット
・相手の反応や感情がわかりやすく，コミュ
　ニケーションが取りやすい。
デメリット
・面会のために移動やそれにともなう時間が
　必要である。
（解答例）ビデオチャット
メリット
・移動が必要ないため，どこでもコミュニ
　ケーションを取ることができる。
デメリット
・機器や通信環境を整備する必要がある。
・複数の人が同時に発言すると，対面より聞

きとりにくい

（解説）対面による会話とビデオチャットに優劣があるわけではない。適材適所，場面によりコミュニケーションの方法を選択したい。

2 （解答例）別のメディアと比較することで,その情報が本当に正しいか判断でき，また，異なった観点，視点からの情報を受け取れることで，それらを総合的に判断して情報を認識することができるから。

（解説）獲得した情報を，別のメディアの情報と比較し，その情報が本当に正しいのか確認することをクロスチェックという。

3 ア，オ，キ　　　※順不同

（解説）SNSにアップロードすることで，個人情報の流出や炎上などさまざまなリスクを伴う可能性がある。それらのリスクを十分理解し，投稿する内容と公開範囲などを検討したうえで投稿したい。

4 (1)色相　(2)明度　(3)彩度　(4)補色
(5)類似色

5 (1)エ→ア→カ→イ→オ
(2)カ→イ→オ→ウ→エ
(3)エ→ア→カ→イ→オ→ウ→エ

（解説）論理の飛躍(説明が部分的に欠落するなど)がないように，情報を伝える。

6 (1)○　(2)聞き手　(3)大きく　(4)○
(5)○　(6)リハーサル
(7)ノンバーバルコミュニケーション

（解説）プレゼンテーションは聞き手によりわかりやすく伝えられるようにする。

3章 情報とコンピュータ

1 情報の表し方

1 デジタル表現の特徴
2 2進数と情報量(1)　　📖p.32〜33

💮 SUMMARY

❶ ①アナログ　②デジタル　③連続
④離散　⑤統合　⑥修正　⑦複製
⑧劣化　⑨加工　⑩統合　（⑥⑦入れ替え可）

❷ ①0　②1　③電圧　④磁気
⑤2進法　⑥2進数　⑦10

⑧いちぜろ　⑨11　⑩100　⑪101

PRACTICE

1 (1)A　(2)A　(3)D　(4)D

（解説）(1)〜(2) 変化する量を水銀柱のように連続した量で扱う場合はアナログ。(3) 離散値で表現される量はデジタル。

2 010111010

（解説）黒いマスを「1」，白いマスを「0」とし，数値を並べると

0	1	0
1	1	1
0	1	0

3 (1) 00101101 10000111 01111000 11010010

（解説）パネルを順番にデジタル化すると

00	10	11	01
10	00	01	11
01	11	10	00
11	01	00	10

(2)

（解説）順番に並べると

00	10	00
10	00	10
00	10	00

(3) 5行5列では50ビットの数字が並ぶため，復元に時間を要する。数値の伝達に手間取る。　など

（解説）マスの数が多くなればなるほど，数値が増えていく。

2 2進数と情報量(2)　　📖p.34〜35

💮 SUMMARY

❶ ①情報量　②ビット　③1ビット
④バイト　⑤1024　⑥4　⑦8
⑧16　⑨32　⑩64　⑪128
⑫256　⑬65536

❷ ①ビット　②8　③キロ　④1024

解答・解説

23

⑤ メガ　　⑥ ギガ　⑦ テラ　⑧ ペタ
⑨ エクサ　⑩ キビ　⑪ メビ　⑫ ギビ
⑬ テビ　　⑭ ペビ　⑮ エクスビ

PRACTICE

1 ① 2　② 256　③ 40　④ 10　⑤ 20
⑥ 30

(解説) ②1バイト＝8ビットで表現できる情報量は2^8＝256通り。　③5バイトは5×8ビット＝40ビット。　④〜⑥1,024＝2^{10}であるから，1KB＝1,024B＝2^{10}B，1MB＝1,024×1,024B＝$2^{10}×2^{10}$B＝2^{20}B，1GB＝1,024×1,024×1,024B＝$2^{10}×2^{10}×2^{10}$B＝2^{30}B。

2 1bit→1KB→1MB→1GB→1TB

(解説) 1bit＜1B＜1KB＜1MB＜1GB＜1TBとなる。

3 (1) 8　(2) 4　(3) 4

(解説) (1) 黒(♠, ♣)か赤(♡, ◇)のどちらかであることがわかり，残りは半分の枚数になる。　(2) 偶数(2, 4)か奇数(3, 5)のどちらかであることがわかり，残りは半分の枚数になる。　(3) 16枚のカードを表すには，4ビットの情報量が必要である。

4 (1) 8　(2) 16　(3) 32　(4) 11

(解説) (1) 出た目の組み合わせは全部で6×6×6＝216通り。7ビットで2^7＝128通りまでで，8ビットで2^8＝256通り表せる。　(2) パネルは4行4列＝16枚並べられ，パネル1枚ごとに，白と黒の2^1色＝1ビットで表せる。16×1＝16ビット。　(3) パネルは16枚並べられ，パネル1枚ごとに4色＝2^2色＝2ビットで表せる。16×2＝32ビット。　(4) 2^3＝8通りまで，2^4＝16通りまで表せるので，10チームなので4ビット。2^6＝64通りまで，2^7＝128通りまで表せるので，選手は100人なので7ビット。よって，4＋7＝11ビット。

② コンピュータでのデジタル表現

❶ 数値の表現　　　　　📖p.36〜37

✿ SUMMARY

❶ ① 10進数　② 9　③ 2進数　④ 16進数

⑤ F　⑥ Webセーフカラー

❷ ① 1　② 1　③ 0　④ $1011_{(2)}$　⑤ 2^3
⑥ 2^2　⑦ 2^1　⑧ 1　⑨ 11

❸ ① 0010　② 0011　③ 0100　④ 0101
⑤ 0110　⑥ 0111　⑦ 1000　⑧ 1001
⑨ 1010　⑩ 1011　⑪ 1100　⑫ 1101
⑬ 1110　⑭ 1111　⑮ A　⑯ B　⑰ C
⑱ D　⑲ E　⑳ F　㉑ 10000　㉒ 10

PRACTICE

1 (1) $101000_{(2)}$　(2) $23_{(10)}$

(解説)

(1)
```
2) 40      余り
2) 20    … 0
2) 10    … 0
2)  5    … 0
2)  2    … 1
    1    … 0
```
この順に並べると101000

(2) 10111
$$= 1×2^4+0×2^3+1×2^2+1×2^1+1×2^0$$
$$=1×16+0×8+1×4+1×2+1×1$$
$$=16+0+4+2+1=23$$

2 (1) $1110_{(2)}$　(2) $11010_{(2)}$

(解説) (1) $E_{(16)}＝14_{(10)}＝1110_{(2)}$

(2) $1_{(16)}$　　　$A_{(16)}$
$1_{(2)}$　$1010_{(2)}$　　　順に並べて$11010_{(2)}$

3 (1) $D6_{(16)}$　(2) $35B194F_{(16)}$

(解説) (1) $\underbrace{1101}_{D_{(16)}}{}_{(2)}$　$\underbrace{0110}_{6_{(16)}}{}_{(2)}$

(2) $\underbrace{0011}_{3_{(16)}}{}_{(2)}$　$\underbrace{0101}_{5_{(16)}}{}_{(2)}$　$\underbrace{1011}_{B_{(16)}}{}_{(2)}$　$\underbrace{0001}_{1_{(16)}}{}_{(2)}$
$\underbrace{1001}_{9_{(16)}}{}_{(2)}$　$\underbrace{0100}_{4_{(16)}}{}_{(2)}$　$\underbrace{1111}_{F_{(16)}}$

4 (1) $101101_{(2)}$　(2) $01011_{(2)}$

(解説)

(1)
```
      1◄
   1 1 0 1 0
+    1 0 0 1 1
   1 0 1 1 0 1
```

(2)
```
   ►1►1►1
   1 0 1 1 0
-    0 1 0 1 1
     0 1 0 1 1
```

5 (1) ■■□□■　(2) $12_{(10)}$　(3) $10110_{(2)}$

(解説) (1) $25_{(10)}＝11001_{(2)}$である。
(2) $01100_{(2)}$を表しているので，8＋4＝12

(3)

$$\begin{array}{r} \overset{\overset{\displaystyle 1}{\displaystyle 1}}{\blacktriangleright} \\ 1\,1\,0\,1\,1 \\ -\ \ 0\,0\,1\,0\,1 \\ \hline 1\,0\,1\,1\,0 \end{array}$$
を表している。

❷ 文字のデジタル表現　　　📖 p.38〜39

✳ SUMMARY

❶ ① 文字コード　② 文字化け　③ 0100
④ 0011　⑤ 0100　⑥ 0001　⑦ 0101
⑧ 0010　⑨ 4　⑩ 3　⑪ 4　⑫ 1　⑬ 5
⑭ 2

❷ ① ASCIIコード　② 128　③ JIS
④ シフトJIS　⑤ 2　⑥ 2^{16}
⑦ Unicode　⑧ UTF-8　⑨ 6　⑩ 3

PRACTICE

1 (1) 01000110(2)　(2) 544541(16)
(3) ¥
（解説）(1) 上位0100，下位0110である。
(2) T　E　A は，上位，下位の順で54　45
41 である。　(3) 上位5，下位Cに対応する
文字は¥である。

2 (1) ASCII　(2) UTF-8　(3) Unicode
(4) シフトJIS

3 (1) 6　(2) 1バイト＝8ビットであり，表現で
きる情報量は256通りしかないから。
（解説）(1) 2^5＝32通りまで，2^6＝64通りまで
表せるので，最低6ビットの情報量が必要で
ある。

4 ① 20　② 800
（解説）①アルファベット1文字を1バイトで
表しているため，1×20文字＝20バイトであ
る。　②20文字×20行で最大400文字あ
る。日本語の文字1文字を2バイトで表して
いるため，2×400文字＝800バイトであ
る。

❸ 音の表現　　　📖 p.40〜41

✳ SUMMARY

❶ ① 波　② 周波数　③ ヘルツ　④ 周期
⑤ 秒　⑥ 振幅　⑦ 高い　⑧ 低い
⑨ 大きい　⑩ 小さい

❷ ① 標本化　② 量子化　③ 符号化
④ 標本点　⑤ 2進数　⑥ 標本化周期
⑦ 標本化周波数　⑧ サンプリング周波数
（⑦〜⑧は順不同）　⑨ 50
⑩ 0.02$\left(\dfrac{1}{50}\right)$　⑪ 量子化ビット数
⑫ アナログ　⑬ データ量

PRACTICE

1 語句　ウ→ア→イ　図　オ→カ→エ
（解説）標本化→量子化→符号化の手順でデ
ジタルデータに変換する。

2 (1) 300　(2) 44100　(3) 4　(4) 16
(5) 100
（解説）(1) 周波数は1秒間に含まれる波の数
のこと。　(2) 標本化周波数は1秒間に標本
化する回数のこと。　(3) 4ビットで2^4＝16
通り。　(4) 16ビットで2^{16}通り。　(5) 標本
化周期が0.01＝$\dfrac{1}{100}$秒であるから，標本化
周波数は$\dfrac{1}{100}$の逆数の100Hzである。

3

時間	量子化	符号化
0	3	011
1	5	101
2	6	110
3	5	101
4	2	010
5	1	001
6	4	100

（解説）量子化は，標本点に最も近い値(0〜7)
を求める。符号化は量子化で求めた値を3
ビットの2進数に変換する。

4 単一の正弦波の場合，波の山と谷を標本化し
ていれば，元の波形が再現できる。ただし，
100Hzの場合，軸上の点を標本化すると，
直線が再現されてしまうため，200Hzを超
えている必要がある。
（解説）標本点が100Hzの場合，

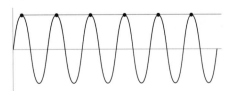

直線となり波が再現できない。

④ 画像の表現　📖 p.42～43

✿ SUMMARY

❶ ① 赤　② 緑　③ 青　④ 光の三原色
　⑤ 白　⑥ 加法混色　⑦ 画素　⑧ 副画素
　⑨ 標本化　⑩ 量子化　⑪ 符号化
❷ ① 解像度　② 階調　③ 高く　④ 8ビット
　⑤ 256階調　⑥ フルカラー

PRACTICE

1

色	R	G	B
緑	0	1	0
青	0	0	1
黄	1	1	0
シアン	0	1	1
マゼンタ	1	0	1
白	1	1	1

（解説）赤と緑で黄，緑と青でシアン，赤と青でマゼンタになる。

2 (1)ウ　(2)ア　(3)イ
（解説）マス目が細かい（解像度が高い）ほど，きめ細かく滑らかな画像になる。

3 (1)イ　(2)ア　(3)ウ
（解説）階調を増やすほど，画像の色の変化が滑らかになる。

4 ①1　②2　③8
（解説）① 2^1階調＝1ビット。　② 4階調＝2^2階調＝2ビット。　③ 256階調＝2^8階調＝8ビット。

⑤ 動画の画像とファイル形式　📖 p.44～45

✿ SUMMARY

❶ ① 連続的　② フレーム
　③ フレームレート　④ fps
❷ ① 圧縮　② 伸張（解凍，展開）　③ 可逆圧縮　④ 非可逆圧縮　⑤ mp3
　⑥ mid　⑦ jpg（jpeg）　⑧ png
　⑨ avi　⑩ wmv

PRACTICE

1 (1)フレーム　(2)30　(3)12　(4)1440
（解説）(1) 動画は，絵1枚1枚を連続的に表示しており，静止画の一つひとつをフレームという。　(2) 30fpsの場合，1秒間に30枚

のフレームが表示される。
(3) 360枚÷30秒＝12fps　(4) 1分＝60秒であるから，24fps×60秒＝1,440枚となる。

2

拡張子	データの種類	圧縮の種類
mp3	ア	カ
flac	ア	オ
jpg(jpeg)	イ	カ
png	イ	オ
wmv	ウ	カ

（解説）可逆圧縮は，圧縮前と圧縮・伸張後のデータが一致している。非可逆圧縮は，圧縮効率を高めてデータ量を小さくしている。拡張子がwmvのファイルは，非可逆圧縮である。

3 (1)ク　(2)カ　(3)ウ
4 (1) A7B2A5B4A1B6　12
　(2) 725416　6
（解説）「AAAAAAABBAAAAABBBBABBBBBB」は，A7個，B2個，A5個，B4個，A1個，B6個と並んでいる。

③ 情報機器とコンピュータ

❶ さまざまな情報機器／ハードウェアとソフトウェア　📖 p.46～47

✿ SUMMARY

❶ ① 情報機器　② ICチップ　③ 電波
　④ 電子タグ　⑤ 電池　⑥ 組み込み機器
❷ ① ハードウェア　② 入力　③ 制御
　④ 演算　⑤ 記憶　⑥ 出力　⑦ 五大装置
　⑧ 補助記憶　⑨ 主記憶　⑩ ソフトウェア
　⑪ オペレーティングシステム
　⑫ アプリケーションソフトウェア
　⑬ 管理　⑭ 抽象化　⑮ 同一の操作

PRACTICE

1 ① テレビ，冷蔵庫，洗濯機，電子レンジ，扇風機，エアコン，空気清浄機，掃除機など
② 小型化，軽量化，大量生産，レスポンス性，安全性，信頼性　など
（解説）特定の機能に特化したコンピュータが入っているものを組み込み機器という。おもな特徴は，機器によって小さくて軽いもの

でなければならないもの，量産される場合の
コスト削減できるもの，必要な処理を定めら
れた時間内に処理するものなど。

2 (1)ア，エ　(2)イ，ウ　(3)キ　(4)オ
解説 (1) 入力装置には，マウス，キーボー
ド，スキャナ，タッチパネルディスプレイな
どがある。　(2) 記憶装置には，メモリ，フ
ラッシュメモリ，DVD，SSDなどがある。
(3) 出力装置には，ディスプレイ，プリン
タ，タッチパネルディスプレイなどがある。
(4) OSは基本ソフトウェアと呼ばれ，ワープ
ロ，表計算，画像処理など特定の目的のため
に使うソフトウェアをアプリケーションソフ
トウェアという。

3 (1)×　(2)○　(3)○　(4)○
解説 (1) スマートフォンにもOSは搭載され
ている。

4 ① プログラムカウンタ　② 命令レジスタ
③ 命令解読器　④ データレジスタ
⑤ 演算装置
解説 ① プログラムカウンタで主記憶装置
の番地を指定する。　② 主記憶装置の指定
された番地にある命令を取り出し，命令レジ
スタに保存する。　③ 命令解読器で命令レ
ジスタに保存された命令を解読し，各部を制
御する。　④〜⑤ データレジスタにデータ
を一時的に保存したり，演算装置で演算した
りする。処理した結果を，主記憶装置などに
出力する。

STEPUP　さまざまな計算　📖p.48〜49

PRACTICE

1 (1)2.25　(2)1.3
解説 (1) 24ビットカラーなので，各画素の
データ量は24ビットである。解像度が1,024
×768であるから，画像全体のデータ量は
24×1,024×768ビットになる。また，8
ビット＝1B，1KB＝1,024B，1MB＝
1,024KBであるから，$\frac{24\times1,024\times768}{8\times1,024\times1,024}$
＝2.25MBとなる。　(2) 1フレームあたりの
画像のデータ量が2.25MBである。30fps(1
秒間に30フレーム)であるから，1秒間の
データ量は，2.25×30MBである。20秒間

の動画にすると，2.25×30×20MBであ
る。1GB＝1,024MBであるから，
$\frac{2.25\times30\times20MB}{1,024}=1.318\cdots≒1.3GB$
となる。

2 25
解説 24ビットカラーで，解像度が800×
600なので，画像全体のデータ量は24×800
×600ビットになる。また，8ビット＝1Bで
あるから，24×800×600÷8となる。
30fps(1秒間に30フレーム)であるから，1
秒間のデータ量は，24×800×600÷8×30
となる。x秒間の動画にするとデータ量が
1GBになるので，24×800×600÷8×30
×x＝1GBとなる。1KB＝1,024B，1MB＝
1,024KB，1GB＝1,024MBであるから，
1GB＝1,024×1,024×1,024Bとなる。
よって，$x=\frac{1,024\times1,024\times1,024}{24\times800\times600\div8\times30}=$
24.85…≒25秒となる。

3 (1)4　(2)176400　(3)40.4
解説 (1) 量子化ビット数16ビットで，2
チャンネルであるから，標本化1回に必要
なデータ量は，16×2＝32ビットである。
1B＝8ビットであるから，32÷8＝4Bであ
る。　(2) 標本化周波数が44,100Hzである
から，1秒間に44,100回標本化を行う。
よって，1秒間に必要なデータ量は，4B×
44,100＝176,400Bとなる。　(3) 4分＝4×
60＝240秒，録音した場合のデータ量は，
176,400×240Bである。1KB＝1,024B，
1MB＝1,024KBであるから，
$\frac{176,400\times240}{1,024\times1,024}=40.37\cdots≒40.4MBとなる。$

4 23.8
解説 1Mbps＝1,000kbps，1kbps＝
1,000bps，であるから，20Mbps＝20×
1,000kbps＝20×1,000×1,000bpsであ
る。通信速度は，bps(1秒間に送れるビット
数)であるから，10秒間で，20×1,000×
1,000×10ビットである。1MB＝1,024KB，
1KB＝1,024B，1B＝8ビットであるから，
$\frac{20\times1,000\times1,000\times10}{8\times1,024\times1,024}=23.84\cdots$
≒23.8MBとなる。

5 (1) 2 (2) 8 (3) 3

解説 (1) 1MB＝1,024KB, 1KB＝1,024B, 1B＝8ビットであるから, 転送するデータ量5MB＝5×1,024×1,024×8ビットである。転送速度(＝通信速度。伝送効率100%であるため)は, 20Mbps＝20×1,000×1,000bpsである。転送時間は, データ量÷転送速度であるから,

$$\frac{5\times1,024\times1,024\times8}{20\times1,000\times1,000}=2.097\cdots\fallingdotseq2秒$$

である。 (2) 転送するデータ量500,000KB＝500,000×1,024×8ビットである。転送速度は伝送効率50%であるため, 1Gbps×0.5＝0.5×1,000×1,000×1,000bpsである。転送時間は, データ量÷転送速度であるから, $\frac{500,000\times1,024\times8}{0.5\times1,000\times1,000\times1,000}=8.192$ ≒8秒である。 (3) 求める最大の通信速度をxGbpsとする。xGbps＝x×1,000Mbpsである。伝送効率が30%であるから, x×1,000×0.3＝900 よってx＝3となる。

3章 章末問題 📖p.50〜51

1 5

解説 $2^4=16$通りまで, $2^5=32$通りまで表せるので, 最低5ビットの情報量が必要である。

2 バイト:3072 ビット:24576

解説 1KB＝1,024B, 1B＝8ビットであるから, バイト:3×1,024＝3,072B, ビット:3,072×8＝24,576ビットである。

3 23

解説 1GB＝1,024MBであるから, 16GBのUSBメモリの容量は16×1,024MBである。よって, $\frac{16\times1,024}{700}=23.405\cdots$

4 (1) 57(10) (2) 101110(2) (3) 1000110(2)

解説 (1) 111001
$=1\times2^5+1\times2^4+1\times2^3+0\times2^2+0\times2^1+1\times2^0$
$=1\times32+1\times16+1\times8+0\times4+0\times2+1\times1$
$=32+16+8+0+0+1=57$

(2)
```
2) 46    余り
2) 23  … 0   ↑
2) 11  … 1
2)  5  … 1
2)  2  … 1
    1  … 0
```
この順に並べると101110

(3) 4(16) 6(16)

0100(2) 0110(2) 順に並べて

1000110(2)

5 (1) 11001(2) (2) 01111(2)

解説

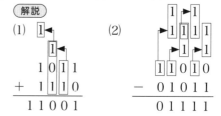

6 (1) 512641(16) (2) KiB

解説 (1) Q & A は, 上位, 下位の順で51 26 41 である。 (2) 上位4, 下位Bに対応する文字はK, 上位6, 下位9に対応する文字はi, 上位4, 下位2に対応する文字はBである。

7 $\dfrac{ab}{8}$

解説 量子化ビット数bビットで, アナログ音声であるから, 標本化1回に必要なデータ量は, $b\times1=b$ビットである。1B＝8ビットであるから, $\dfrac{b}{8}$Bである。標本化周波数がaHzであるから, 1秒間にa回標本化を行う。よって, 1秒間に必要なデータ量は, $\dfrac{b}{8}\times a=\dfrac{ab}{8}$となる。

8 (1) 480000 (2) 横:1600 縦:1200

解説 (1) 800×600＝480,000 (2) 横をaとする。横と縦の比率が4:3であるから, 縦は$\dfrac{3}{4}a$と表せる。よって, $a\times\dfrac{3}{4}a=192万画素$, $a^2=2,560,000画素$, $a>0$より, $a=1,600$となり, 縦は, $\dfrac{3}{4}\times1,600=1,200$となる。

9 各色を6階調で表現しているので, 6×6×6

＝216種類の色を表すことができる。

解説 Rを6階調(00, 33, 66, 99, CC, FF)，Gを6階調(00, 33, 66, 99, CC, FF)，Bを6階調(00, 33, 66, 99, CC, FF)で表しているので，6×6×6＝216通り表せる。

10 ウ

解説 24ビットカラーなので，各画素のデータ量は24ビットである。解像度が1,024×768であるから，画像のデータ量は24×1,024×768ビットになる。この画像を1,000枚記録するので，写真のデータ量は，24×1,024×768×1,000ビットになる。8ビット＝1B，1KB＝1,024B，1MB＝1,024KB，1GB＝1,024MBであるから，

$$\frac{24\times1,024\times768\times1,000}{8\times1,024\times1,024\times1,024}=2.197\cdots GB$$

となるため，少なくとも4GB必要である。

11 （略）

4章 アルゴリズムとプログラム

1 アルゴリズムと基本構造

1 アルゴリズム
2 アルゴリズムの基本構造　　📖p.52〜53

✳ SUMMARY

1 ① アルゴリズム　② プログラム
③ フローチャート　④ 流れ図の開始と終了
⑤ データ入出力　⑥ 演算等の処理
⑦ 条件による分岐　⑧ ループの開始
⑨ ループの終了　⑩ 制御の流れ
⑪ 別の場所で定義された処理

2 ① 順次　② 選択　③ 繰り返し
④ 構造化プログラミング　⑤ 順番に処理
⑥ 異なる処理　⑦ 繰り返す

PRACTICE

1 ・一定の距離内に物体がなければ閉じる
・閉じる途中，物体に衝突したら開く
・開くときに音を鳴らす　など

2 イ

解説 進む→右に向く→進む→……と紙上でシミュレーションしてみると理解しやすい。

3 イ，ウ

解説 イ，ウのどちらも処理結果は同じである。プログラムの書き方は一通りではない。

2 プログラムの基礎

1 簡単なプログラムの作成
2 プログラムと変数　　📖p.54〜55

✳ SUMMARY

1 ① 入れ子構造

2 ① 変数　② 変数名　③ 代入　④ バグ
⑤ デバッグ

PRACTICE

1 (1) 2　(2) 6　(3) 5

解説 代入では，右辺の値が左辺の変数に代入される。また，処理は上から順に実行される。(3)では，2行目の処理のあとでAの値は3になっているが，3行目で5が代入されて値が上書きされるため，最終的には5となる。

2 120

解説 変数「数」は5，「答え」は1が初期の値として代入されており，「数」の値が繰り返し1ずつ減らされながら「答え」に掛け合わされ，代入される。プログラムが終了するまでに，1×5×4×3×2×1の計算が行われたことになる。

3 ア，イ

解説 変数とは，値を入れるための入れ物である。「税込み金額」は，「2秒言う」に直接計算結果を渡して表示しており，変数として扱ってはいない。

4 ① ウ　② キ　③ ア　④ オ　⑤ イ　⑥ カ
(③ イ　④ カ　⑤ ア　⑥ オ)　⑦ エ

解説 割り切れるかどうかは，割った余りが0かどうかで判断する。問のようなFizzBuzz問題は，さまざまなアプローチでプログラムを作成できるため，プログラミングの腕試しとして使われることがある。

解答・解説

③ プログラムの応用

1 配列とリスト
2 関数　　　　　　　📖 p.56～57

✳ SUMMARY

❶ ① 配列　② リスト　③ 添字
❷ ① 関数　② 組み込み関数
　　③ ユーザ定義関数　④ 引数　⑤ 戻り値

PRACTICE

1 ① オ　② ア　③ ウ　④ オ　⑤ ク
（解説）変数「合計」の初期値を0にしたうえ
で，順次，配列の値を加算していく。「配列
の添字は0で始まる」と書かれているので，
ループ内では添字を0から9まで変化させ
る。

2 (1) 診断数　(2) ① 10　② 2　③ 5
（解説）ユーザ定義関数「リスト添字決定」
に渡す引数の値は，一度目の呼び出しでは二
つの数の和，二度目の呼び出しでは二つの数
の積となっている。

4章　章末問題　　　📖 p.58～59

1 (1) ① ウ　② エ　③ ア　④ オ　⑤ イ
(2) ②：⑤　④：⑤
(3)「始め」の直後に，「分表示」と「秒表
示」を0にする処理（初期化）を追加する。
（解説）秒表示が60秒になるタイミングで秒
のリセット処理，分表示が60分になる時点
で分のリセット処理が行われる。

2 (1) ① イ　② エ　③ カ　(2) エ
（解説）改良前のプログラムでは，数が当
たったかどうかにかかわらず，必ず10回数
の入力を促す流れになる。繰り返しの中断を
容易に記述できるプログラミング言語もある
が，(1)ではフラグを用いて中断処理を実現し
ている。

3 (1) ① 29　② ＞　(2) イ
（解説）決して取り得ない小さな値を初期値
に代入し，繰り返し処理の中で「より大きな
値」に順次置き換えていくことで最終的に最
大値を得る方法は常套手段である。最小値を

求める場合は逆に，初期値とし大きな値を代
入し，「より小さな数値」に順次置き換えて
いく。

5章 | モデル化とデータの活用

① モデル化

1 モデル化の基礎　　　📖 p.60～61

✳ SUMMARY

❶ ① モデル化　② モデリング
　　③ シミュレーション
❷ ① 目的　② 構造　③ 形式
❸ ① 物理的モデル　② 図的モデル
　　③ 数式モデル　④ 動的モデル
　　⑤ 静的モデル　⑥ 確定的モデル
　　⑦ 確率的モデル

PRACTICE

1 (1) イ　(2) ア　(3) ウ　(4) ア　(5) ウ　(6) イ
（解説）対象となるものが，実物の拡大縮小
したものなのか，構造を図にしたものなの
か，状態を数式に表したものなのかによって
モデルを判断する。

2 (1) ア　(2) イ　(3) イ　(4) ア　(5) エ　(6) ウ
(7) エ　(8) ウ
（解説）対象となるものが，時間の経過を考
慮する必要があるかどうか，偶然的な要素を
考慮する必要があるかどうかによってモデル
を判断する。

3 (1) ×　(2) ○　(3) ○　(4) ○　(5) ×　(6) ×
（解説）(1) モデル化において「すべての特
徴」を抽出することはできない。(5) 確定的
モデルではなく，動的モデルの説明である。
(6) レジの待ち行列は，偶然的な要素を含
み，時間の経過を考慮する必要があるため，
静的モデルで表現することはできない。

2 モデル化（図的モデル）　📖 p.62～63

✳ SUMMARY

❶ ① 図的モデル　② 構成要素　③ 関係
❷ ① ブロック線図　② 加え合わせ点
　　③ 状態遷移図　④ 状態　　⑤ 遷移

⑥ アクティビティ図　⑦ 開始　⑧　終了

PRACTICE

1 (1)イ　(2)オ　(3)ウ　(4)エ　(5)ア
（解説）円の中の状態と，遷移を表す矢印の方向を考えて，適切な「ボタン／動作」を選択する。

2 (1)ウ　(2)オ　(3)ア　(4)イ　(5)エ
（解説）利用者が入力した暗証番号が間違っていると，ATMは現金を排出することはできないため，ATMは利用者にエラーメッセージを表示する流れになっている。

2 シミュレーション

1 シミュレーションの基礎　📖p.64〜65

SUMMARY

❶ ① シミュレーション　② コンピュータシミュレーション　③ 表計算ソフトウェア　④ プログラミング言語　⑤ シミュレーション専用ソフトウェア　③〜⑤は順不同
❷ ① 危険　② モデル化　③ 問題解決
❸ ① 目的　② モデル化　③ ソフトウェア　④ シミュレーション　⑤ 妥当性検証　⑥ 分析

PRACTICE

1 (1)×　(2)○　(3)×　(4)×　(5)○
（解説）(1) モデル化ではなくシミュレーションの説明である。(3) コストや時間のほかにも，危険をともなう場合も多い。(4) リハーサルや避難訓練など，コンピュータを使わないシミュレーションもある。

2 (1)エ　(2)イ　(3)カ　(4)ア　(5)ウ　(6)オ
（解説）コイン投げのシミュレーションの流れを，シミュレーションの六つの手順にあてはめて考えてみる。

2 シミュレーション（確定的モデル）
3 シミュレーション（確率的モデル）　📖p.66〜67

SUMMARY

❶ ① 確定的モデル　② 時間　③ 自由落下　④ 銀行の預金高

❷ ① 確率的モデル　② 乱数　③ 一様乱数　④ 確率変数　　⑤ 確率分布

PRACTICE

1 (1)イ　(2)ア　(3)イ　(4)ア　(5)ア　(6)イ
（解説）対象となるものが，不規則な動作や偶然的な要素を含むか含まないかによってモデルを判断する。

2 (1)○　(2)○　(3)×　(4)○
（解説）コイン投げのような偶然的な要素を含む場合，確率のグラフは一定ではなくシミュレーションごとに変化する。ただし試行回数の増加にともない，コイン投げの場合，表／裏が出る確率はそれぞれ$\frac{1}{2}$(0.5)に近付いていく。(3)のグラフのみ，確率が$\frac{1}{4}$(0.25)に近付いているため，誤りであると考えられる。

3 分類：確率的モデル
理由：コイン投げの結果（表が出るか裏が出るか）は，偶然的な要素によって決まるため。
（解説）コインのほかにも，さいころやトランプなど，偶然的な要素を含む遊びやゲームは，すべて確率的モデルに分類される。このような確率的モデルの場合，確率のグラフは一定ではなく，シミュレーションごとに変化する。

3 データの活用

1 データの収集　📖p.68〜69

SUMMARY

❶ ① 文字　② 質的データ　③ 数値　④ 量的データ　⑤ データの尺度水準　⑥ 名義尺度　⑦ 順序尺度　⑧ 間隔尺度　⑨ 比例尺度
❷ ① データベース　② クラウド　③ ビッグデータ
❸ ① データマイニング　② テキストマイニング　③ データサイエンス

PRACTICE

1 (1)イ (2)ア (3)イ (4)ア (5)ア (6)イ

(解説) 対象となるものが，文字情報か数値情報のどちらで得られるデータなのかによって判断する。

2 (1)イ (2)エ (3)ア (4)ウ

(解説) 間隔尺度と比例尺度の違いは，0が「何もない」を意味しているかどうかで判断する。「何もない」であれば比例尺度，そうでなければ間隔尺度である。

3 (1)エ (2)オ (3)カ (4)ク

(解説) いずれの説明文もビッグデータに関する活用事例であるため，説明文にあるキーワードから判断し，適切な業種を選択する。

4 顧客の購買履歴や行動パターンをビッグデータと照らし合わせ，顧客に対する最適な商品を「おすすめ商品」として表示させる。

(解説) ビッグデータを活用したレコメンダシステムは，通販型Webサイトのほかに，スマートフォンのアプリやWebブラウザの広告に使用されている。

2 データの分析　　📖p.70〜71

SUMMARY

❶ ① 散布図　② 正の相関　③ 負の相関
④ 相関なし　⑤ 無相関　⑥ 相関係数
⑦ −1　⑧ 1　⑨ 1　⑩ −1　④⑤は順不同

❷ ① 箱ひげ図　② 四分位数　③ 第1四分位数
④ 第2四分位数　⑤ 中央値　⑥ 第3四分位数
⑦ 最大値　⑧ 最小値　④⑤は順不同

PRACTICE

1 (1)ウ (2)ウ (3)ア (4)ウ (5)イ (6)ウ

(解説) 何らかの相関がありそうに見える散布図でも，散布図の点の分布が直線から大きくかけ離れていると「相関なし」の判定となる。

2 (1)イ

(解説) 10個のデータから下の項目を求めた後，箱ひげ図を作成する。

平均値：5　　第3四分位数：7
最大値：9　　第2四分位数：4.5
最小値：2　　第1四分位数：3

3 14

(解説) 箱ひげ図における「外れ値」は，一般的に下記のように定義され，「外れ値」となった値は「ひげ」の外側に独立した点で表示する。

▼大きい側の外れ値
第3四分位数に四分位範囲×1.5倍を足した値より大きいデータ

▼小さい側の外れ値
第1四分位数から四分位範囲×1.5倍を引いた値より小さいデータ

生徒10人の小テストの結果から四分位範囲を求めると7−3＝4となり，これを1.5倍すると6となる。第3四分位数が7であるため，7+6＝13よりも大きい値であれば「外れ値」に該当することになる。小テストの結果は整数値であるため，この場合は14点以上が「外れ値」となる。

5章　章末問題　　📖p.72〜73

1 確率的モデル
理由：現実世界の多くの現象（例えば，人間の行動，モノの動き，自然災害など）は，不規則な動作をする現象や偶然的な要素によって決まるものが多いため。

(解説) 数学や理科の教科書で学習する多くの内容が確定的モデルであり，数式モデルで表現することができる。しかし，現実世界の多くの現象は，不規則な動作や偶然的な要素を含んでいるため，確率的モデルのほうが多いと考えられる。

2 (1)緑 (2)赤 (3)青 (4)赤

(解説) 状態遷移図を見ると，0では色が変化せず，1で色が変化する遷移になっていることがわかる。そのため，各選択肢において1の数だけ色が遷移すると考えてよい。例えば，(3) 1101110 には1が5個含まれているため，「赤→緑→青→赤→緑→青」と色が5回変化して青色となる。

3 理由：システムを実際に用いて試すには，コストや時間がかかり，危険をともなう場合もある。そこで，現実世界をモデル化してシミュレーションすること

で，実際のシステムを変更することなく問題解決をはかることができるため。

（解説）上記のようにコストや時間，危険をともなう場合以外にも，未来の予測のような，システムを実際に試すことができない場合が考えられる。代表的な例として，天気予報や，台風の進路予測などがあげられる。

4 エ

（解説）さいころ投げのような偶然的な要素を含む場合，確率のグラフは一定ではなくシミュレーションごとに変化する。ただし，試行回数の増加にともない，さいころ（正六面体）投げの場合，1～6の各数字が出る確率は $\frac{1}{6}$（約16.7%）に近付いていく。五つのさいころの各数字が出る確率は，正四面体が $\frac{1}{4}$（25%），正六面体が $\frac{1}{6}$（約16.7%），正八面体が $\frac{1}{8}$（12.5%），正十二面体が $\frac{1}{12}$（約8.3%），正二十面体が $\frac{1}{20}$（5.0%）となる。そのため，正十二面体のグラフは試行回数の後半部分において，確率が $\frac{1}{12}$（約8.3%）になっているグを探せばよい。あるいは，五つのさいころの各数字が出る確率が順に低くなっていることから，確率の上から4番目のグラフを選択してもよい。

5 (1) ア　(2) イ　(3) ア

（解説）(1) (3) 選択肢に順序や間隔という概念がないため，名義尺度と判断できる。(2) 選択肢が順序立てて並んではいるが，間隔が均等ではないため，順序尺度と判断できる。

6 (1) 平均値　(2) 100万　(3) 中央値　(4) 0

（解説）平均値はデータの合計から個数を割った値，中央値はデータを大きい順で並べたときに中央に位置する値を指す。AくんとBさんの会話のように，データの集合において極端に大きい（小さい）値があると，全体の平均値を大きく押し上げて（引き下げて）しまうため，この場合は平均値ではなく中央値を使うとよい。平均値や中央値以外の手法として，データの集合において最も多く出現している値（最頻値）をあわせて使用すると，より全体の傾向を把握することができる。

6章　ネットワークと情報システム

1　ネットワークの仕組み

1　ネットワークの構成とプロトコル　📖p.74～75

✳ SUMMARY

❶ ① ネットワーク　② LAN　③ WAN
④ インターネット

❷ ① 通信規約（プロトコル）　② TCP/IP
③ 伝送制御　④ 経路制御

❸ ① パケット　② パケット交換機（ルータ）
③ アプリケーション　④ HTTP, SMTP, POP
⑤ トランスポート　⑥ TPC, UDP
⑦ インターネット　⑧ IP, ARP
⑨ ネットワークインタフェース

PRACTICE

1 ① ONU, ウ　② ルータ, ア　③ ハブ, イ
④ 無線LANアクセスポイント, エ

（解説）教科書p.143「❶ LANの配線例」を参照。

2 ア, ウ

（解説）イ．ネットワークインタフェース層には，ケーブルやコネクタの形状などに関する規約がある。　ウ．伝送制御や経路制御（ルーティング）などの役割をもっている。エ．トランスポート層にデータの誤りを防ぐプロトコルがある。

3 ① パケット　② 伝送制御　③ 伝送経路
④ 経路制御

（解説）外部からの信号は，まず①のONUで光信号から電気信号に変えられる。次に外部（WAN）と内部（LAN）をつなぐ機器である②のルータを通り，組織内のLAN配線を集約する③のハブにつながる。Wi-Fiには④の無線LANアクセスポイントが必要となる。①②③④の機器が一体化している機器もある。

2　インターネットの仕組み　📖p.76～77

✳ SUMMARY

❶ ① IPアドレス　② ドメイン名
③ Webページ　④ URL　⑤ スキーム名
⑥ 組織名　⑦ 組織種別　⑧ 国名　⑨ DNS

❷ ① HTML ② サーバ ③ Webブラウザ ④ WWW ⑤ クライアント ⑥ DNS ⑦ Web

❸ ① 電子メール ② 電子メールソフトウェア ③ メールサーバ

PRACTICE

１ (1) イ (2) カ (3) エ (4) オ (5) ウ
（解説） 教科書p.145「❶ URLの例」を参照。

２ (1) DHCPサーバ (2) DNSサーバ (3) クライアント
（解説）(1)ネットワークに新たに機器が接続されるとDHCPサーバがIPアドレスを割り振る。 (2)DNSサーバはIPアドレスとドメイン名を対応付ける。 (3)WebサーバにはWebページのデータが管理されており、クライアントからの要求を受けるとそのデータを送信する。

３ イ，オ
（解説）ア．送信された電子メールは受信メールサーバに届き、受信者が削除などしなければ、受信メールサーバに一定期間保存されている。 ウ．POPは受信者が受信メールサーバに届いた受信メールを受信者の端末側に受け取るためのプロトコルである。 エ．SMTPはメールを送信する際に使用するプロトコルである。

４ (1) ○ (2) × (3) ○
（解説）(2) ルータや無線LANアクセスポイントが、クライアントの端末と互いに交信するうえでIPアドレスは必要である。

② 情報システムとサービス

１ さまざまな情報システム
２ データの流れと情報システム　📖 p.78～79

❀ **SUMMARY**

❶ ① 情報システム ② ネットショッピング ③ チケット予約

❷ ① トレードオフ ② GPS ③ 電子マネー （②③は順不同）

❸ ① POSシステム ② トレーサビリティ ③ データベース ④ 管理 ⑤ 蓄積（④⑤は

順不同） ⑥ 接続 ⑦ 連携（⑥⑦は順不同） ⑧ クラウドサービス ⑨ IoT

PRACTICE

１ ア，ウ，エ
（解説）ア．ネットワーク上の複数のシステムが連携することで、より高度なサービスの提供が可能となる。ユーザは特に意識することなく、クラウド内の複数の情報システムを利用できる。 イ．スマートフォン自体に地図データがない場合は、インターネット上にある地図データのサービスを活用することで道案内が可能となる。 ウ．高精度のGPSを使うことで、数cm単位の位置情報が得られる。これにより農業や建設現場での活用や、無人宅配などの実現が可能となる。 エ．生産、流通、消費まですべての情報が追跡可能となるので、問題の原因解明や商品の回収がしやすくなる。

２ ア，イ，エ
（解説）ア．ネットショッピングの商品提案の説明である。 ウ．緊急地震速報のような緊急性と公共性が高い情報は、できるだけ多くの人に即座に知らせることが最重要であり、情報端末から情報を収集する必要はない。 エ．懸賞に応募する際に渡した個人情報が広告で使われている可能性がある。個人情報を渡す際に、規約を詳細に確認する必要がある。

３ (1)① ア，ウ，エ ② ア，ウ ③ イ
(2)① 店舗 ② 問屋・メーカ ③ 配送業者
（解説） 教科書p.149「❶ POSシステムの概要」を参照。

❸ データベースとデータモデル　📖 p.80～81

❀ **SUMMARY**

❶ ① データベース ② 検索 ③ 加工 ④ 共有 （②③④は順不同）

❷ ① DBMS ② 一定 ③ 構造化 ④ データモデル

❸ ① 分析 ② 連携 ③ グラフ化 ④ おすすめ機能

❹ ① カード ② リレーショナル ③ 1件ごと ④ シンプル ⑤ 表形式

⑥ 連携　⑦ 関係

1 イ，エ

(解説) イ．データベースの最適な構造は自動で決定されず，データベースの制作者が選ぶ必要がある。　エ．おすすめ機能は，利用者の興味・関心に合わせて，広告が表示される。

2 ① f，⑴ ウ　② d，⑵ エ　③ e，⑶ オ
④ a，⑷ ア　⑤ b，⑸ イ

(解説) ⑴データの共有機能のことである。複数のユーザがデータを共有するだけでなく，同時に参照・更新しても矛盾が起きない。　⑵データとプログラムの独立性のことである。データに影響を与えず，必要に応じてプログラムだけを変更することができるので，システムを更新するなどの場合に効率的である。　⑶システムの障害対策としては，システムの二重化やバックアップの作成とバックアップからの復旧機能もある。

3 ア，ウ

(解説) イ．業務で一番利用されているのはリレーショナル型である。　エ．カード型では，1件のデータに関する項目を，一つのカードにまとめて保存している。

③ 情報セキュリティ

1 情報セキュリティと対策　📖p.82～83

✿ SUMMARY

❶ ① 情報セキュリティ　② 安全対策
③ 機密性　④ 完全性　⑤ 可用性
⑥ パスワード　⑦ ファイアウォール
⑧ セキュリティの設定　⑨ アクセス権
⑩ ウイルス対策ソフトウェア　⑪ OS
⑫ 二重化　⑬ バックアップ
⑭ 無停電装置　⑫⑬は順不同
❷ ① ファイアウォール　② ウイルス
③ 遮断　④ アクセス制御　⑤ アクセス権

1 ⑴ 可用性，イ　⑵ 完全性，ウ
⑶ 機密性，ア

(解説) ⑴停電は，自然災害などによる機器障害であり，可用性に対する脅威である。対策は，無停電電源装置で一定の時間システムを運用できるようにすることなどである。⑵メールに添付されたウイルスによる被害であり，完全性に関する脅威となる。対策は，ウイルス対策ソフトウェアの導入，OSのアップデートなどである。　⑶無線LANの交信を傍受されたり，ネットワーク内のほかの機器にアクセスされたりする可能性がある。対策は，無線LANアクセスポイントにセキュリティ設定を行ったり，アクセス権の管理を見直したりすることなどである。

2 ⑴ ○　⑵ ×　⑶ ○　⑷ △　⑸ ○　⑹ ×

(解説) 教科書p.153「**3** アクセス制御」を参照。

3 ア，ウ

(解説) ア．機械の障害などでデータが失われることもあるので，バックアップの必要性はなくならない。　ウ．OSのアップデートには，機密性を高めること以外の修正もあるので必要となる。

2 暗号技術　📖p.84～85

✿ SUMMARY

❶ ① 鍵　② 共通鍵暗号方式
③ 公開鍵暗号方式　④ 公開鍵　⑤ 秘密鍵
⑥ ハイブリッド暗号方式　⑦ 平文
⑧ SSL/TLS　⑨ 暗号文
❷ ① デジタル署名　② 公開鍵
③ 認証局(CAでも可)　④ 電子証明書

1 (共通鍵暗号方式)　ア，イ，エ，カ
(公開鍵暗号方式)　ウ，オ

(解説) ア．共通鍵暗号方式では受信者に復号に使う鍵を渡すとき，悪意ある第三者が手に入れる可能性がある。　エ，オ．公開鍵暗号方式では，復号に使う秘密鍵は受信者しかもっていないので，復号のための鍵の受け渡しの必要はない。　カ．共通鍵暗号方式の場合，暗号化と復号に同じ鍵を使用するので，公開鍵暗号方式に比べ複雑な処理をしなくてよく，処理は早くなる。

2 エ→イ→ア→ウ→オ
【送信者】 ア，ウ
【受信者】 イ，エ，オ
(解説) 公開鍵暗号方式では，受信者が秘密鍵と公開鍵を作る。送信者は，受信者が作った公開鍵を入手しないと暗号化できない。

3 ①ウ ②イ ③エ ④ア ⑤ウ
(解説) 教科書p.155「**3** デジタル署名」を参照。

6章　章末問題　📖p.86～87

1 (1)× (2)〇 (3)〇 (4)× (5)×
(解説) (1)DHCPサーバは，ネットワークに参加する端末に対して自動的にIPアドレスを割り付ける装置である。DNSサーバは，ドメイン名とIPアドレスを相互に変換するサーバである。　(4)Webサーバは，クライアントからの要求を受けてWebページのデータを送る。URLをIPアドレスに変換するのは，DNSサーバである。　(5)クライアント・サーバ方式は役割を交代しない。役割を交代する利用形態は，ピア・ツー・ピア方式である。

2 (解答例) 各層ごとにプロトコルを守ることで，互いの層内部でどのような処理がなされようとも，それぞれが正確に働けばシステム全体が機能できる。このような各層の独立性のおかげで，システム全体では問題なく機能できる。
(解説) 教科書p.143「**3** インターネットのプロトコルTCP/IP」を参照。

3 ①エ ②イ ③ア ④ウ
(③④は順不同)
【利点】 (解答例) 常にインターネットから最新の地図情報を手に入れられる。

4 ①オ ②カ ③ウ ④キ ⑤エ
(解説) カード型のデータベースは，構造がシンプルである。リレーショナルデータベースは，含まれるデータを互いに関連させることができる。

5 ①〇 ②△ ③× ④× ⑤× ⑥〇
(解説) 教科書p.153「**3** アクセス制御」を参照。

6 イ，ウ
(解説) ア．共通鍵は，安全に配慮して相手に渡す必要がある。暗号化された平文と共通鍵を同じメールで送ると，メールのデータを手に入れた第三者によって容易に復号されてしまう。　エ．電子証明書がない公開鍵は，受信者以外の第三者によって作成されている可能性がある。もし悪意のある第三者が偽の公開鍵を作成し，送信者がそれを使用すると，改竄が可能になる。

総合問題　📖p.104～111

1 a ア③ イ② ウ⑦ エ⑥
(解説) マルウェアは，ランサムウェア以外にも，トロイの木馬(一見有用なプログラムを装い，実行するとデータを盗み出したり，破壊したりする)やワーム(感染対象のファイルを必要とせず，自分自身の複製を増やしていく)などがある。

b オ⑥ カ⑦ キ① ク② ケ④
(解説) 特許権や意匠権など，産業財産権の保護期間が過ぎた創作物は，「パブリックドメイン」として，作者の許諾なしに自由に利用できる(商標権は登録を更新することで保護期間が延長できる)。

2 a ア⓪ イ⑨ ウ③ エ⑥
(解説) 情報を収集する際，インタビューやアンケートなど，自分が直接収集した情報(一次情報)のほうが，書籍やWebサイトなど，ほかの人によって伝達や編集された情報(二次情報)に比べ，信頼性が高いことが多い。また，外れ値が統計データの中に含まれている場合，その値が誤りである可能性もあるため，扱いには注意を払う必要がある。

b オ②
(解説) CC(Carbon Copy)は，宛先の相手に送信した内容について，ほかの人にも知らせたい場合に利用し，CCに入力したメールアドレスは受信者全員に表示される。一方，BCC(Blind Carbon Copy)は，役割としてはCCと同じだが，BCCに入力したメールアドレスは受信者に表示されないため，そのメールアドレスにメールを送っているという

ことをほかの受信者に隠しておきたい場合などに利用される。

3
a　ア ④　イ ©
b　ウ 1　エ 2
c　オカ 27　キク 18　ケ ⑤　コ ①
d　サシ 16
e　スセ 29

（解説）d　音楽アルバム1枚あたりのデータ量は $96 \times 1,000 \times 24 \times 2 \times 3,600$[bit]であり，このデータが32Gバイトのメモリカードに何枚までコピーできるか計算する。

$$\frac{32 \times 1,024 \times 1,024 \times 1,024 \times 8}{96 \times 1,000 \times 24 \times 2 \times 3,600} ≒ 16.6$$

よって最大16枚である。

e　「このたけがきにたけTEのはたけTEかったからたけTEのです」となる。

4
a　ア ②
b　イウエ 128
c　オ 4
d　カ 2，キ 4
e　ク 3
f　ケ 7

（解説）e　0〜9のビット列に注目すると，七つの部分は，それぞれ次の数字のときに点灯する。

①の部分　0，4，5，6，7，8，9
②の部分　0，1，2，3，4，7，8，9
③の部分　0，2，6，8
④の部分　0，1，3，4，5，6，7，8，9
⑤の部分　0，2，3，5，6，7，8，9
⑥の部分　2，3，4，5，6，8，9
⑦の部分　0，2，3，5，6，8，9

六つの数字が正常に表示されたということは，本来の表示に故障した部分を使っている数字が四つあるということである。よって③の部分が故障したことがわかる。

f　三つの数字が正常であるということは，八つ以上の数字のときに点灯する部分ではない部分が故障したことになる。それは③を除くと①，⑥，⑦になる。ところが①と⑥には，③の部分が表す0，2，6，8と合わせると，正常に表示される数字がそれぞれ1，3と1，7だけになる。

5
アイ 34　ウ ⑤　エ ⓪　オ ③
カ ⓪　キ ④　ク ⑤　ケ ⑦

（解説）数学Bで学習する数列（問題の数列はフィボナッチ数列という）を扱う問題であるが，未履修でも会話文から規則性を推測することで正答が得られる。

ウ・エ・オでは，num1+num2を順次求めていくために，変数間で値の入れ替えをする部分である。変数に値を代入すると，もとの値は上書きされてしまうので，一時退避用の変数tmpを使って値を入れ替えている。

カ・キ・クでは，関数を呼び出す際に引数として「何番目を求めるか」の番号を渡し，関数内で値を求め，変数resultに結果を格納している。

順序を扱うプログラムの場合，最初のデータを0番目と考えるか1番目と考えるかは不具合の元となりやすいので注意が必要である。

6
アイ 30　ウエ 35　オカ 22
キ 3　クケ 30　コサ 20　シ 6
スセ 10　ソ 5　タ ①

（解説）待ち行列の問題である。

アイ〜クケは，図2の続きを丁寧に書き込んでいく。

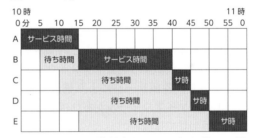

コサ・シは，説明文をしっかりと読み，状況を確認しながら図2と同様の図を作成する必要がある。

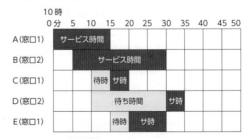

スセ・ソも同様。

解答・解説

	10時 0分	5	10	15	20	25	30	35	40	45	50
A(窓口1)	サービス時間										
B(窓口2)		サービス時間									
C(窓口1)			待時	サ時							
D(窓口1)			待時		サ時						
E(窓口1)				待時		サ時					

　最終的な判断結果であるタは，到着時刻の順序とサービス開始時刻の順序が常に等しくなっているかどうかを，コサ・シとスセ・ソを答える際に作成した図をもとに判断する。

7 ア ⑥　イ ⑤　ウ ①　エ ⑧
　オ ②　カ ⑦　キ ⑤

（解説）情報セキュリティは，情報の機密性，完全性，可用性を確保することが定義されている。機密性とは，ある情報へのアクセスを認められた人だけが，情報にアクセスできる状態をいう。機密性を確保するために，アクセス制御を行い，限定された担当者だけがサーバにアクセスできるようにしている。デジタル情報は，コピーして盗まれたり，改竄されたりしても気づきにくいという性質がある。そこで，外部から重要なデータを保存しているコンピュータへ不正侵入されないようにファイアウォールを設置する。ファイアウォールはインターネットと内部ネットワークの間に設置する装置やソフトウェアの総称であり，各種サーバにより構成する。ただし，ファイアウォールがあれば絶対に安全というわけではない。

8 ア ①　イ ⓪　ウ ④　エ ①
　オ ②　カ ③　キクケ 255　コ ④

（解説）インターネット上のコンピュータはIPアドレスという固有の番号をもっており，それぞれのコンピュータではIPアドレスを互いに認識して情報をやりとりしている。IPv4という規格のIPアドレスは32ビットで構成されている。2進数ではわかりにくいので8ビットずつドットで区切り，0〜255の四つの10進数で表現する(現在，普及しつつあるIPv6は128ビットで構成されている)。IPアドレスは数字の羅列であるため，人間には理解しにくい。そこで，人間が覚えやすいようにIPアドレスをわかりやすい名前に付け替えたものをドメイン名という。ド

メイン名は階層構造になっており「.」で区切って表現する。一番右からトップレベルドメイン，第2レベルドメイン，第3レベルドメイン，……となっていく。IPアドレスとドメイン名を相互に変換するのがDNSサーバで，ドメイン名とIPアドレスの対応表が管理されている。

コ：IPアドレスが32ビットのとき表現できる個数は2^{32}個。

　IPアドレスが40ビットのとき表現できる個数は2^{40}個。

　よって，$2^{40} \div 2^{32} = 2^8$倍となる。

6 次の文章を読み，空欄 アイ ～ ソ にあてはまる数字を記入し，空欄 タ に入れるのに最も適切なものを，下の解答群のうちから一つ選べ。

（2016年　情報関係基礎　改）

ある旅行代理店の窓口では，図1のように客は到着した順に一つの窓口に並んで待つ。この列を待ち行列といい，窓口サービスにかかる時間をサービス時間という。ある日の10時から11時の間に客A～Eの5人が来店した。表1に客の到着時刻とサービス時間を示す。客Cと客Dは同じ時刻に到着し，C，Dの順で待ち行列に並んだ。図2は客ごとの待ち時間とサービス時間の関係を図で表す途中である。

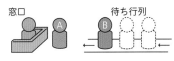

図1　待ち行列

表1　到着時刻とサービス時間

客	到着時刻	サービス時間
A	10：00	15分
B	10：05	25分
C	10：10	5分
D	10：10	5分
E	10：15	10分

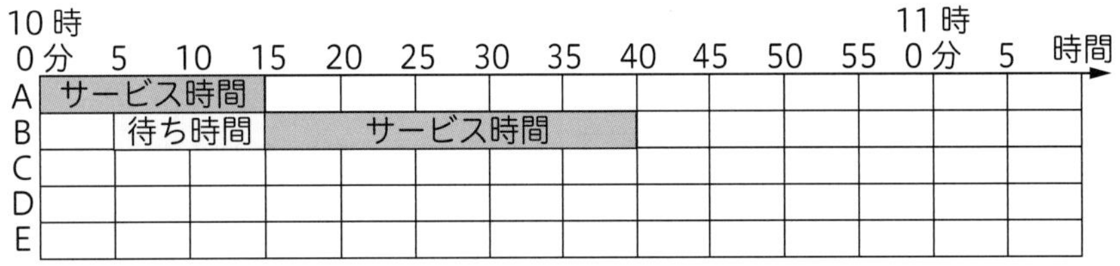

図2　客ごとの待ち時間とサービス時間

客Aの待ち時間は0分である。客Bは10時5分に到着し，客Aのサービス時間が終わるまで待つため，客Bの待ち時間は10分である。客Cの待ち時間は アイ 分で，客Dの待ち時間は ウエ 分である。A～E全員の待ち時間を足して客数で割った平均待ち時間は オカ 分である。

待ち行列に並んでいる客の数を待機客数とする。10時6分時点の待機客数は1人である。10時から11時までの間の待機客数の最大数は キ 人で，待機客数が最大になっている時間は合計で クケ 分間である。

次に，窓口を二つにした場合を考え，図3に示す二つの並び方を表1のデータを用いたシミュレーションで比較した。

図3(a) では，窓口ごとに待ち行列がある。客は，到着時にサービス中および待機中の合計客数が少ない方に，同数の場合は待ち行列1に並ぶ。客Dは，客Cが並んでから並ぶ待ち行列を決める。このとき，最も長く待つ客の待ち時間は コサ 分，平均待ち時間は シ 分になる。

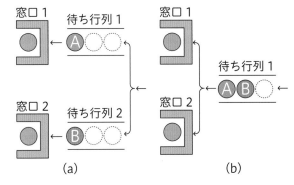

図3　二つの並び方

図3(b) では，客は一つの待ち行列に並び，先頭の客は空いている窓口へ移動する。両方が空きの場合，窓口1へ移動する。このとき，最も長く待つ客の待ち時間は スセ 分，平均待ち時間は ソ 分になる。

客の到着時刻の順序とサービス開始時刻の順序が常に等しくなる性質は タ 。

――― タ の解答群 ―――
⓪　(a)だけ成り立つ　　　①　(b)だけ成り立つ
②　(a)と(b)の両方成り立つ
③　(a)と(b)の両方成り立たない

6 解答欄

アイ	ウエ
オカ	キ
クケ	コサ
シ	スセ
ソ	タ

7 次のセキュリティに関する先生と太郎くんとの会話の空欄 ア ～ オ に入れるのに最も適当なものを，それぞれの解答群のうちから一つずつ選べ。 （2018 年追試　情報関係基礎　改）

太郎：最近，Web サーバが ア されて， イ したというニュースをよく聞くので，そうならないか心配です。

先生：市役所は ア されないよう，組織的な対策をしているはずだよ。きっと，Web サーバがある市役所内部のネットワークと外部のネットワークとの間に ウ を置いて，通信を常に監視して エ が行われにくいようにしているよ。

太郎：ほかに組織的に行っているセキュリティ対策はありますか。

先生：そうだね。組織として オ を行って，限定された担当者だけにサーバ内のファイルを操作する資格を与えているはずだよ。 オ されたコンピュータシステムに対して，他人のユーザ ID や カ を不正に使用したり，セキュリティホールを突いてサーバに侵入したりする行為は法律で キ 行為とされ，禁止されているからね。

7 解答欄

ア	
イ	
ウ	
エ	
オ	
カ	
キ	

ア ～ エ 解答群

⓪ オペレーティングシステム　① ファイアウォール　② デッドロック

③ バリケード　④ ストリーミング　⑤ 情報漏洩

⑥ 不正侵入　⑦ フィッシング　⑧ 不正な通信　⑨ 監視カメラ

オ ～ キ 解答群

⓪ フロー制御　① 情報格差　② アクセス制御　③ 情報操作

④ バックアップ　⑤ 不正アクセス　⑥ 違法アクセス　⑦ パスワード

8 次の記述 a ～ b の空欄 $\boxed{\text{イ}}$ ～ $\boxed{\text{カ}}$ ，$\boxed{\text{コ}}$ に入れるのに最も適当なものをそれぞれの解答群のうちから一つずつ選べ。また，空欄 $\boxed{\text{キクケ}}$ のにあてはまる数字を記入せよ。下線部アに当てはまる説明として正しいものを一つ選べ。

(2019年　情報関係基礎　改)

a　Web ページにアクセスするときの URL として次の例を考える。

　　（例）http://www.example.ne.jp/foo/bar.html
　　　　　　(1)　　　　　　(2)　　　　　　　(3)

www	.	example	.	ne	.	jp
第4レベル		第3レベル		第2レベル		トップレベル

　　下線部(1)は http か https を指定する。下線部(2)は $\boxed{\text{イ}}$（ア）のドメイン名である。また，下線部(3)は表示したい $\boxed{\text{ウ}}$ である。上の囲みはドメイン名の階層を示しており，階層は右から，トップレベル，第2レベルというように呼ばれる。トップレベルの jp は $\boxed{\text{エ}}$ を表しており，第2レベルとトッ プレベルの組み合わせが ac.jp や co.jp のとき，第2レベルは $\boxed{\text{オ}}$ を表している。ドメイン名と IP アドレスの対応は $\boxed{\text{カ}}$ で管理されている。

8 解答欄

ア	イ
ウ	エ
オ	カ
キクケ	
コ	

b　インターネットにおける通信では，データは分割され，宛先を指定する情報などを加えたパケットの集まりとして扱われる。なお，宛先の指定には IP アドレスを使う。32 ビットの IP アドレスは，文書などに表記するときには，8 ビットずつ区切って 192. 168. 1. 23 のように四つの数で表す。四つの数のそれぞれの範囲は 10 進法で 0 ～ $\boxed{\text{キクケ}}$ である。32 ビットで表現できる IP アドレスの個数は 2^{32} 個である。仮に IP アドレスのビット数を 32 から 40 に増やしたとすれば，表現できる IP アドレスの個数は $\boxed{\text{コ}}$ 倍になる。

― 下線部ア　解答群 ―

⓪　http, https どちらを指定しても変わりがない　　①　https は暗号化されたページである

②　http は暗号化されたページである　　③　http は Web ブラウザに鍵のマークが表示される

― $\boxed{\text{イ}}$ ～ $\boxed{\text{ウ}}$ ・ $\boxed{\text{カ}}$ 解答群 ―

⓪　Web サーバ　　①　Web ブラウザ　　②　クライアント　　③　DNS サーバ　　④　ファイル名

⑤　フィールド名　　⑥　プロトコル　　⑦　プロバイダ名　　⑧　ポート

― $\boxed{\text{エ}}$ ～ $\boxed{\text{オ}}$ 解答群 ―

⓪　部や課のような部署　　①　国名　　②　大学や企業のような組織種別　　③　個別のコンピュータ

④　大学名や企業名のような具体的な組織名　　⑤　使用言語

― $\boxed{\text{コ}}$ 解答群 ―

⓪　1.25　　①　2.5　　②　8　　③　8^2　　④　2^8

[(情Ⅰ 706)図説情報Ⅰ]準拠
図説情報Ⅰ　学習ノート

本文デザイン
アトリエ小びん
表紙デザイン
鈴木美里

●著作者──実教出版編修部

●発行者──小田良次

●印刷所──共同印刷株式会社

●発行所──実教出版株式会社

〒102-8377
東京都千代田区五番町5
電話〈営業〉(03)3238-7777
　　〈編修〉(03)3238-7785
　　〈総務〉(03)3238-7700
https://www.jikkyo.co.jp/

002402022

ISBN 978-4-407-36063-9